[新版] はじめての建築学――建築デザイン基礎編

住宅をデザインする

建築学教育研究会 編

鹿島出版会

まえがき

本書「住宅をデザインする」の初版が出版されて、7年の月日が経ちました。「建築デザイン基礎編」の副題と共に刊行されたこの本は、高校生や大学入学後間もない建築初学者を対象とした建築学入門書「建築を知る──はじめての建築学」の姉妹編として生まれたものです。「建築を知る」を通じて広大な建築学の世界の概略を知った学生が、もう一歩進んで、様々な専門分野の入口を覗いてみたいと思った時に、羅針盤として手にとってもらうことを意図して編まれた専門分野別の入門シリーズは、本書を始めとして、建築構造力学基礎編の「建築にはたらく力のしくみ」、建築・環境共生デザイン基礎編の「建築・設備から考える建築デザイン」の3冊がそろいました。

今回、「住宅をデザインする」は旧来の執筆陣に加えて、新たに数名の執筆者の参加を得て、版を新たにすることとなりました。本家の「建築を知る」も改訂を続けて、この度、新版が刊行されます。

本書は、初学者向けに建築デザインという分野の魅力と広がりをわかりやすく伝えることを目的とした、いわば「設計課題作成支援マニュアル」的なスタイルをとっています。

第1部「環境建築家をめざして」は、建築家 仙田満氏による講演会の記録を収録しています。学生時代の勉強方法、設計事務所での修業時代、そして環境デザインをテーマとした「環境建築家」を提唱する仙田氏の話は、これから建築を学ぼうとする学生への、またとない応援歌となっています。

第2部「住宅をデザインする」では、建築系の大学なら必ず行われる、戸建て住宅の設計課題を通して、計画の考え方、各種調査の進め方、図面の描き方、建築模型の作り方、効果的な発表の方法、さらには作品集のまとめ方といった一連の作業のポイントを、章ごとにきめ細かく説明しています。各章には住宅に限らず、美術館や図書館など建築デザイン一般でも必要となる、基本的な考え方や作業のヒントが随所に散りばめられています。

さらに巻末では、建築初学者の方たちにぜひ知っておいて欲しい近代・現代の名作住宅の数々を、簡潔な解説とスケッチで紹介しています。

このように本書は、これから建築デザインを学ぼうとする人たち向けに、実際に授業を受ける学生の目線から、学習へのアドバイスが実践的に得られるように工夫されています。執筆者の一人として、本書を活用することで建築デザイン分野への理解と興味がいっそう広がり、実りある学生生活を送られるよう、心より願っております。

2014年12月
建築学教育研究会代表　黒田泰介

目次

まえがき ... 003
この本の読み方・使い方 ... 006

第1部
環境建築家をめざして ... 010
学生時代／卒業論文と城／菊竹事務所の頃／子どもの遊び空間のデザイン／環境デザインの将来／環境建築家になろう

第2部
住宅をデザインする ... 023

1章　課題を始めよう ... 024
1 建築のデザインとは？／2 課題の読み方／3 事例研究の進め方／4 コンセプトを立てよう／5 スケジュールの立て方／6 エスキスについて

2章　敷地の特徴を読みとろう ... 032
1 敷地調査の心構え／2 まず「感じる」、そして「観察」する／3 敷地調査の項目と分類／4 敷地調査のジレンマ

3章　都市との関係を調べよう ... 038
1 人間も建築も、社会的な存在／2 建築関係の法令／3 用途地域による建築物の制限／4 建築物の規模の制限／5 建築面積と延べ床面積、建ぺい率と容積率／6 部屋の向きによる日当たり状況の差異／7 斜線制限──周辺家屋への日照の確保／8 今の段階で、法令よりも大切なこと

4章　プログラムを考えよう ... 046
1 建築の企画／2 プログラミングとは／3 ライフスタイルをイメージする／4 シークエンスを考える／5 プランニングと平面タイプ／6 ゾーニングを考える／7 動線を考える／8 ダイヤグラムを描く

5章　ずっと住み続けられる住まいについて考えよう ... 054
1「住み続ける」ということについて考える／2 あなたの住まいの「バリア」をリストアップする／3「使える！」デザインにするために／4 バリア克服の技術／5 さまざまな手すり／6 ユニバーサルデザインの考え方／7 将来を考えながら計画すること／8 介護者にとってのバリアも考える／9 生活を充実する

6章　平面でエスキスしよう ... 062
1 平面とは／2 平面のエスキス／3 プランニングとプログラミングの相互作用／4「場」を考える──中間領域／5 生活の広がり

7章　立体で考えよう ... 070
1 CubeからImageする／2 CubeをSetする／3 たかがCube、されどCube！

8章　構造を計画しよう ... 080
1 構造と皮膜／2 構造の種類／3 構造を使いこなそう

9章　環境・設備を計画しよう …… 086
1 環境・設備の再考／2 サステイナブルな社会の構築／3 自然な環境をつくる／4 ケーススタディ——住宅における建築と環境・設備の統合

10章　「生活の寸法感覚」を身につけよう …… 094
1「住宅の機能」を考える／2「生活の寸法感覚」を身につけよう／3「生活の寸法感覚」が、住宅のデザインを自由にする

11章　ランドスケープを考えよう …… 100
1 住宅の外部空間のあり方／2 外部空間設計の「作法」と「手法」／3「作法」としてのアクティビティの創出／4「手法」としての三つのカテゴリー／5 SPACE（空間の構造）の設計／6 SURFACE（表層の質）の設計／7 ATTRACTOR（行為のキッカケ）の設計／8 住環境のランドスケープデザイン

12章　プレゼンテーションしよう
1　図面のテクニック …… 108
1 建築図面の約束事／2 CAD／3 3Dモデリング／4 レンダリング

2　模型をつくるテクニック …… 118
1 材料の準備／2 道具・用具の準備／3 接着剤／4 敷地をつくる——配置図を用意／5 建築模型をつくる／6 外構の表現／7 縮尺による表現の違い

3　ドローイングのテクニックとプレゼンテーション …… 126
1 ドローイング——建築の空間を表現する／2 ドローイングの種類／3 レイアウト——グリッドシステムを使う

13章　発表しよう …… 132
1 発表の心得／2 発表の技術／3 発表の道具／4 相手を引きつける工夫

14章　ポートフォリオをつくろう …… 136
1「ポートフォリオ」とは／2 ドキュメンテーション（記録する）／3 日付をつけてファイリングする／4 テキストとイメージ／5 レイアウトする——わかりやすく・正しく・美しく／6 電子データによるポートフォリオ／7 引用先や出典を明記する／8 ポートフォリオは「デザインのデザイン」である

ケーススタディ
近代・現代の住宅建築 …… 141
シュレーダー邸／サヴォア邸／イームズ邸／ファンズワース邸／スカイハウス／軽井沢の山荘／白の家／住吉の長屋／シルバーハット／ダラヴァ邸

コラム
1 映像と建築 …… 037
2 ブロックプランでエスキスしよう …… 091
3 落書き模型の薦め …… 124
4 スケッチと建築遍歴（Architectural Tour） …… 135
5「いきた情報」を得る …… 141

この本の読み方・使い方

建築のデザインは、たくさんの事柄を総合的に判断しながら、要求された機能と性能を満たしつつ、一つの立体的なかたちへとまとめ上げていく仕事です。そこには物事を合理的に判断し、必要な情報を整理していく左脳的な仕事と、ひらめきとともに魅力的なライフスタイルを提案する右脳的な仕事が同時に求められます。どちらか一方が欠けても、優れた建築をつくることはできません。

建築デザインを学び始めたフレッシャーズ（初心者）の皆さんは、建築デザインを学ぶ第一歩である設計課題が始まっても、まずどこから手をつけたらよいのか、どのように課題を進めていけばよいのか、迷うことも多いだろうと思います。

この本はそんな皆さんのために、設計課題を楽しみながら進めていくために何を、どんな順番で進めていけばよいかを、授業の始まりから順番に、わかりやすく解説しています。また作者のイメージを明確に伝えるための、美しい図面や魅力的な模型をつくるテクニックも豊富に紹介しています。

この本の内容は、大きく二つに分かれています。まず第1部では、建築家仙田満さんの、皆さんへの励ましの言葉を収録しています。仙田さんは「環境」と「子どもの遊び空間」をキーワードに、建築デザインを考えてこられた第一人者です。第1部で語られる、ご自身の学生時代の様子、子どものための空間と環境をテーマとした仕事の数々、そして「環境建築家になるための10の教え」は、建築家を目指す皆さんに、建築デザインという仕事の面白さと同時に、地球環境へ配慮しながら建築について考え、つくっていく責任の重さを生き生きと伝えてくれるでしょう。

続く第2部では、「住宅」というもっとも身近な、しかしとても重要な建築物を例に挙げて、その設計課題を進めていくプロセスを具体的に解説していきます。住宅のデザインは、建築を学ぶための学校では、どこでも必ず一度は行われる基本的な設計課題です。しかも「建築とは何か」を考える時、住宅はその出発点でもあり終着点でもある、実はとても奥が深いテーマなのです。

まず、第2部の目次を眺めてください。そこには課題の発表から数回の

「エスキス」(作業内容のチェック)を経て、計画をまとめて図面を仕上げ、模型をつくり、納得いくまで何度もやり直しながら、最後に作品を発表するまでの作業全体のプロセスが、章として順番に並んでいます。各章はすべて、作品提出までのスケジュールに合わせて、順々にクリアしていかなければならないポイントばかりです。エスキスの回数は、皆さんを指導される先生によって大きく異なることでしょう。この本の目次通りにスケジュールをこなすことは難しいかもしれません。まずは全体を読んで、自分だったら、どこに重点を置くべきか、ちょっと考えてみてください。すでに何らかの設計課題をやったことのある人なら、自分の得意な項目と、ちょっと苦手な項目がもうわかっていると思います。得意なところは、さらに発展させるきっかけを得るために、苦手なところは、何を克服すればよいのか理解するために、自分に大切と思われる章を選んで、じっくり読んでみましょう。

作業に入る前に全体の計画を立ててみること、授業という限られた時間の中で何をやっていくか、スケジュールを自分でつくり、何をすべきかを選択し、それを守っていくこと(スケジューリングといいます)は、実は課題を成功させる、もっとも重要なポイントの一つなのです。限られた期間内に各章すべての内容を行うのは不可能ですが、時には回り道こそが問題解決の重要な手がかりを与えてくれることもあります。

でも、この本は単なる住宅設計課題のマニュアルではありません。この本は皆さんに設計の授業をきっかけとして、建築デザインという広大な世界に飛び込んでいく時に必要なさまざまな手がかりを提供することを目的に書かれました。そのため、直接的には住宅のデザインに関連しなくても、ぜひ興味をもって発展させてほしい事柄も豊富に紹介しています。この本の中で触れるさまざまな項目は、住宅のみならず、建築設計の実務においても共通する大事な点ばかりです。ですからこの本は、美術館や学校、図書館や集合住宅など、他の建物の設計課題を行う時にも、大いに参考になるようにつくられています。エスキスで行き詰まった時、何から手をつけたらよいか迷った時、デザインを考えるのが嫌になった時、ぜひこの本を開いてみてください。きっと、突破口を開くためのヒントが見つかりますよ。

第1部
環境建築家をめざして

環境建築家をめざして
仙田満

皆さんこんにちは。今日は建物の写真を見せながら建築家がどう考えるかという話をするよりも、僕自身が建築学科に入った1960年頃の大学時代から始めて、どういうふうに考え、どんなふうに設計をして、環境デザインという新しい分野を始めていこうと考えてきたか、お話ししていこうと思います。

学生時代

僕は、横浜は保土ヶ谷の生まれです。東海道線の脇の小さな家に生まれました。大学生の頃はワンダーフォーゲル（山歩き）をやっていて、合同研究会でいろいろな女子大の学生たちとも山登りをしていました。僕はもともと、建築をやろうと思って大学に行ったのではなく、最初は経営工学をやろうと思っていました。僕は絵が好きでしたし、工作も文学も好きで、映画監督になろうかなと思ったこともあったので、理系と文系の中間の領域に位置するという経営工学科に進もうと考えていたのです。

当時は日米安保条約反対運動など、政治活動が非常に盛んな時代でした。大学祭の時に、先輩たちが企画した「人間疎外と建築」という、機械文

明において人間性が疎外されている中、建築はどうあるべきか、というテーマのプレゼンテーションを手伝いました。これをきっかけに、建築は面白そうだな、自分には建築が向いているかなと思い、2年の時に建築学科に進もうと決めました。3年の大学祭の時には、足場用の単管パイプを使って、シンボルタワーを実際につくったのですが、これは非常に貴重な経験でした。声が出ないくらい、くたくたに疲れてしまいましたが、これをきっかけとして、建築をつくることに自分の人生をかけることにしました。

これは大学2年生、19歳の時の最初の住宅の設計課題です[図1、2]。僕の家は木造平屋の長屋みたいな家で、こういう生活とは全く関係のない家に生まれたのですが、課題では、外国の建築を本で勉強してデザインしました。その当時は勉強する方法といったら、ほとんど本と映画からでした。僕はとにかく映画が好きで、学生時代はさまざまなシーンをスケッチブックに描いて勉強していました。

これは3年生の時の、カトリック教会の課題です[図3]。コンクリート構造の先生から出された課題で、様式建築を一生懸命コピーしました。ちょうどこの頃、僕は自分の才能について思い悩んだり失恋したり、非常に落ち込んだ時期でしたが、とにかく一生懸命に図面のコピーをして、その落ち込みから脱出することができました。こんなことから、「建築とは奥が深くて面白いものだなあ」と思い始めました。

山登りからも、学ぶことがたくさんありました。僕はもともとあまり体力がないのですが、登山の時には30kgぐらいの荷物を担いで登ります。山の頂を見ながら登るのは非常にしんどいので、周りの風景を見ながら登っていきます。山登りで非常に面白かったのが、先輩に教わった3分法というものでした。自分のもつエネルギーのうち、3分の1は山を登るために使え、後の3分の1は写生をしたり、周りの風景を見たりするのに使え、最後の3分の1は残しておけ、という教えです。これはどういうことかというと、山は気候が急変します。急に雪や雨が降ったり風が吹いたりして進めなくなって、もう先が見えない状況も起こりえる。そういう時はテントを張って待たなくてはいけないのですが、その時のために体力を全部使い切るな、3分の1は見えない未来のために必ず残しておけ、ということを学んだのです。皆さんも、社会に出るとさまざまな困難にぶつかると思いますが、その時、困難をクリアするための体力と能力を残しておく

図1　住宅の設計課題

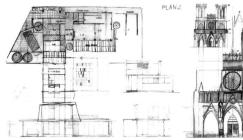

図2　住宅の設計課題

図3　教会建築のスタディ

のがポイントだと思います。人生では常に困難にぶつかりますが、それは建築を設計する場合にも同じようにいえることです。

これは、僕の先生だった清家清さんが出された診療所の課題です[図4]。ここでは通風や光をテーマにデザインを考えていました。とにかく建築は、頭の中のたくさんのイメージを紙の上に出していくことが重要です。頭の中で素晴らしいアイデアを考えたら、それを具体的に絵にしたり模型にしたりすることで、もう一度批判的に眺めることができます。

卒業論文と城

大学4年の卒業論文では、僕は「城」の研究をしたいと考えました。年代でいうと1550〜1600年、安土桃山時代の城です。栗田勇さんの本に感動し、日本人として伝統を継承したいと思って城に目をつけました。日本の建築の歴史は大体、中国大陸や朝鮮を経て日本に輸入されたものです。奈良時代の寝殿造も基本的には輸入文化であり、厳密にいえば日本と中国の文化は大きく違います。皆さんも中国に行ってみればわかりますが、中国では組積造という、レンガや石を積み重ねて、その上に木造の屋根を架けるやり方です。これに対して日本は柱梁構造をとります。日本では地面から少し高い位置に床をつくりますが、中国の建物はすべて土足です。外見的にはアジアですが、中国の建物は基本的にはヨーロッパやイスラム圏の建物と同じように組積造なのです。朝鮮、韓国はその中間です。日本の場合、組積造は成り立ちませんでしたが、非常に近いのが城、特に石垣です。

皆さんもご存じの通り、鉄砲の伝来によって戦争の形式が変わっていきます。そして鉄砲の登場によって、建築的には軍事拠点としての「城」が形成されました。戦国武将、茶人、田舎の大工が、どんどん大きなものをつくるようになりました。新しい技能者、大工たちがコラボレーション（協働）して、「城」という様式をたった50年間で形成していったのです。茶室もそうですが、茶室と城は日本の2000年に及ぶ建築の長い歴史の中で非常に特異なものであり、たった50年足らずで様式が完成されました。新しい時代の様式をつくり上げるためには、優れた多様なデザイナーの協働が必要なのではないか、というのが僕の卒業論文の結論でした。

今から40年前、ル・コルビュジエ、ライト、ルイス・

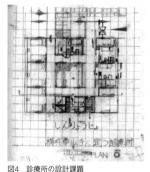

図4　診療所の設計課題

図5 「グループ4」での卒業設計

菊竹事務所の頃

大学時代は自分のやりたいことや考えていることを実現し、クラブ活動をしながら楽しく過ごすことができたなと思っています。もちろん、建築家として独立してやっていけるかどうかは学生時代に大変悩んだし、いろいろな意味で落ち込んだりもしました。就職活動には、ことごとく失敗しました。最初は増沢洵さん（住宅を中心に活躍していた、建築家アントニン・レーモンドの弟子）のところに就職したかったのですが、即日設計に失敗して落ちてしまいました。その他にもいくつかの設計事務所の試験を受けましたが、大学の時に即日設計なんてやったことがなかったので、厳しい結果に終わりました。その後、助教授になりたての篠原一男さんに菊竹清訓さんを紹介していただいて、何とか就職できました。皆さんも、入学試験や就職試験で失敗しても、あんまり深刻にならず、いろいろチャレンジすることが大事だと思います。

カーンといった建築家たちが、個性的な近代建築をつくりました。一方で日本の城は、多様なデザイナーの協力によって、短期間に新しい様式がつくられた。そういう事実から、僕は協働作業で設計をしたいなと考えて、卒業設計で「グループ4」と名付けた4人の共同設計をやりました[図5]。大学では普通、卒業設計は個人個人でするものですが、卒業設計を共同でやったのは前代未聞で、それ以後もあまり聞きません。敷地は富士山の麓で、その頃に流行っていたデザインテーマでしたが、大学を一つの街と捉えて、新しい街の核にしようと思いました。そのコンセプトは「城」にして、空間と空間がぶつかり合い、飛躍的に空間をつくるマニフェストをつくりました。

今から43年くらい前のことですが、その年、事務所にはもう1人新人が入社しました。それが関東学院大学の卒業生、長谷川逸子さんでした。彼女はとても可愛いかったし、ものすごく絵がうまくて図面が速い。彼女は菊竹事務所に、大学3年

図6 型の教育

の頃から出入りしていたと聞きました。僕なんかより図面をまとめるのも速いしスケッチも速いし、コンプレックスを感じていました。菊竹さんはまだ30代で、事務所も11名だったかな。菊竹さんは当時メタボリストとして非常に有名で多忙でしたが、土曜日には休みをくれたので、事務所で手がけた作品を見て巡りました。

菊竹さんは「か・かた・かたち」という、建築設計の三段階論という方法を提示していましたが、これはすごく良かったと思います[図6]。「か」は構想、「かた」は計画の段階、「かたち」は設計の段階だ、と彼は位置づけていました。彼のユニークなところは、なかでも「かた」が重要であるとしたところです。「か・かた・かたち」の概念をやさしく説明してみましょう。例えばスプーンです。古代人が水を飲む道具をつくろうとする、これは「か」です。彼らは多分、貝殻と木の枝を組み合わせて、液体を口の中に入れる道具をつくりました。この貝殻と枝が「かた」なんですね。そして、「かたち」とは？

今のスプーンはステンレスだったり、プラスチックだったり、鉄だったり、いろいろな材料でかたちができています。でも、もともとの形態は、飲むところの部分と柄の部分の組み合わせでできている。こういう構成が、一つの「かた」なのです。建築でも、学校の「かた」、家の「かた」というように、「かた」という、原型となるシンプルなタイプを発見する、これが大切なことだと学びました。

僕が最初に担当した仕事は、1967年の「こどもの国」です[図7]。皆さんも行ったことがあると思いますが、そこの林間学校を設計しました。近くの農家に部屋を借りて常駐していましたが、この時、建築は木が重要だ、地形が大事だ、ということを学びました。それを教えてくれたのは、発注者であるこどもの国側の造園技術者です。大学を出てからもさまざまな場所で、いろいろなことを学ぶ必要があります。

図7 「こどもの国」林間学校（1967）

子どもの遊び空間のデザイン

その後、菊竹事務所では、「駿河銀行伊勢原文書センター」や「岩手県立図書館」、「島根県立図書館」などを担当して、「久留米市民会館」の工事半ばで独立しました。そして1968年に自分の事務所である環境デザイン研究所をつくりました。僕の処女作は「黒い家」[図8]、叔父の住宅です。建築家は独立すると、親戚の家の設計から仕事を始めることが多いですね。磯崎さんにしても菊竹さんにしても大体、親戚の家から始めました。だから皆さんも、親戚を大事にしなきゃいけない。この建物は1968年当時、チャールズ・ムーアたちカリフォルニアの建築家たちがつくっていたものにかなり影響されています。日本らしい、建坪としては100㎡に満たない小さな家で、この吹抜けの幅は、2.5mほどしかありません。この住宅は当時、『都市住宅』という雑誌に掲載されました。バルコニーをロミオとジュリエットのバルコニーにたとえるとか、今考えると恥ずかしいマニフェストを付けていました。

「こどもの国」をやった関係で、厚生省(現厚生労働省)の役人から紹介されて、子どもの遊び場を初めて設計しました。しかし自分自身どうやってつくったらいいのか、始めはよくわかりませんでした。ともかく、子どもの遊び場を考えるためにはストーリーが重要と考えたのです。子どもの遊び場は、大木のようにいろいろなことが一緒にできる、複合的なものであるべきだと思いました。大木だと、ジャングルジムのように登れる、ツリーハウスがつくれる、祠があってそこに潜り込める、あるいはターザンロープでブランコができたりするわけです。このようなコンセプトでつくったのが、さまざまな遊具が立体的に複合化した「巨大遊具」です[図9]。トンネルや回り道など、四つのユニットを組み合わせて、全体で180mのチューブをつくりました。その後、フランスのラ・ヴィレット公園に、明らかに僕の作品に影響された遊具が置かれました。でも僕のデザインをシェイプアップしていて、結構うまい。これは悔しいので、ニューヨークで本を出した時、ちゃんと載せました。

1970年7月に『都市住宅』で僕の特集が組まれたのですが、その時のタイトルが「都市の木をつくろう」というものでした[図10]。巨大遊具というコンセプトを、建築的なところまで伸ばそうという狙いでした。僕がこれまでやってきたことのほとんどは、この頃につくったコンセプトがもとになっています。やはり35歳ぐらいまでの感覚がかなり重要か

図8 「黒い家」(1968)

図9 「巨大遊具の道」(1969)

図10 特集「都市の木をつくろう」
『都市住宅』1970年7月号

な、と今思い返しても、そう思います。僕はこの時、建築だけでなく、造園から遊具からインテリア、都市デザインまで含めた総合的なデザインをやろうと考えていました。僕は建築家ですが、その時に「都市の木をつくろう」という、造園家みたいなマニフェストをつくったのです。今でも遊具的な空間をテーマにプロジェクトをやっていますが、基本的なアイデアは、この頃にベースができています。
その中では山手線の上を屋上緑化して、それをつなげるという提案をしましたが、その経緯には横浜市の斜面緑地の調査がありました。1970年当時、横浜の斜面緑地は約9,000haぐらいありました。当時、すでに公示されていた開発予定分を引くと、このくらいになってしまうよ、5年くらいの間に横浜の緑はこんなに減ってしまうよ、という警告の意味で、僕は「斜面緑地論」を書いたのです。それがきっかけで、斜面緑地の買収はできなかったものの、「市民の森」という民有地の減免措置による緑の保全が提案されました。僕は風致地区という法律の規制を斜面緑地全体にかければ、緑がもっと残るはずだと主張したのですが、30歳くらいの若造の言葉は、なかなか聞いてもらえませんでした。でも、今ならもう少し有効なことができたかな、と思います。

これも若い頃につくった、「野中保育園」[図11]です。敷地面積は1haぐらいあり、富士山が見える非常に良い場所です。朝、子どもたちが園にやってくる時、きれいに富士山が見えるというシーンを大事にして、平屋の建物を提案しました。園の先生は2階建を希望していたのですが、僕は富士山が見えなくなると反対して平屋にしました。建築をデザインする時は、場所のポテンシャル、可能性を十分に読み込む必要があります。保育室は短冊形にして、後ろにプロムナードという1.5階くらいの中間レベルのスペースを設けています。こちらは10年後ぐらいにつくった、もう一つの園舎です[図12]。ここは大変敷地が広くて、泥んこ遊びが非常に特徴的な園です。やはり子どもたちにとって、きれいな場所だけではなく、泥んこになれるような場所も必要ではないかと考えています。
1975年に、トヨタ財団から子どもの遊び空間の研究助成を受けます。当時、子どもたちの遊びやすい場には、6つの原空間があるという仮説を立てました[図13]。僕は日本大学の芸術学部で72～82年まで講師をしていましたが、そこで「幼稚園児のための遊具」という課題を出して、学生たちに共同制作でさまざまな遊具をつくってもらいました[図14]。でも、学生が一生懸命良いデザインだ

図11 「野中保育園」(1972)

図12 新園舎の内部

図13　子どもの遊び空間

図14　幼稚園児のための遊具のいろいろ

と思ってつくっても、遊びやすいものと遊びにくいものがあり、幼稚園に持っていくと、遊具にも人気のある無しがはっきり出ます。いうなれば、子どもたちが作品の評価者なのです。なぜそうなるのかと考えたところ、子どもの遊具にも発展段階があるのではないかと思い始めました。例えば滑り台でも、2歳ぐらいではただ滑るのに一生懸命ですが、3歳頃になるといかに速く、面白く滑るか、滑り方を工夫する段階に入ります。これを「技術的な段階」と名づけました。そして4歳ぐらいになると、滑り方を習得してしまいます。そうすると、滑り台は鬼ごっこなどの習慣遊びの場になるわけです。これを「社会的な段階」と呼びました。子どもたちに人気がある遊具とは、みんなが一緒に遊べるものなのです。

そこで人気の遊具はどのような構造をもつのか、遊具の種類を三つのカテゴリーに分けて集団遊びゲームの発生具合を調査したところ、七つの条件があるとわかりました[表1]。まず「回遊する」。世界中どこでも、昔から子どもの遊びは鬼ごっこが原形です。ある子どもが逃げたら他の子が追いかける鬼ごっこは、いろいろなスポーツの原形です。サッカーにしろ何にしろ、ボールを持った子どもが逃げて、それを追いかけるわけですが、その動きはある種の回遊性をもっています。そこには近道もあって、回遊は一様でなく変化がある。そこには大きな広場が取り付いて、「めまい体験」ができる場所がある。フランスの社会学者ロジェ・カイヨワは、遊びには四つの要素があるといいました。

表1　子どもの集団遊び　七つの条件

1	循環機能があること
2	その循環(道)が安全で変化に富んでいること
3	その中にシンボル性の高い空間、場があること
4	その循環にめまいを体験できる部分があること
5	近道(ショートサーキット)ができること
6	循環に広場、小さな広場などが取りついていること
7	全体がポーラスな空間で構成されていること

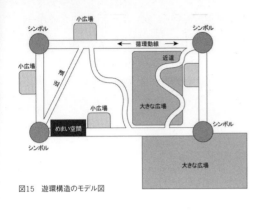

図15 遊環構造のモデル図

一つは勝つか負けるか、という「勝負事」。もう一つは「チャンスの賭け」。ギャンブル、遊び道具のすごろくやトランプには偶然性の要素が多く入りますが、これが遊びにはとても重要です。もうひとつは「まねる」。お人形さんごっことか、学校ごっこなどはまねる、という行為ですが、それは昇華すると高度に芸術化し、映画や演劇になります。最後の要素である「めまい」とは、「肉体的、精神的な一時的なパニック状態を楽しむこと」です。ジェットコースターや滑り台、ブランコ、高いところから飛び降りるなどは、みんな「めまい」体験です。遊びには、ちょっと怖いな、という体験が必要なのです。これらの要素が、子どもの遊びをつくる空間の構造ではないかと考えました[図15]。こうしたことは研究助成金をもらったのをきっかけに考え始めて、それから10年くらいかけて学位論文にまとめました。

これは浜松駅前にある、子どもの遊び環境の空間構造という理論を最初に応用した「浜松科学館」です[図16]。真ん中に核をもつ、一核型の空間構造で、自由な動線の中に便所や図書館を置いています。ここでは建築も大きな科学展示物だというコンセプトで、機械室をロビーの前面にそのまま見せてしまっています。天井裏に隠れている空調のダクトや電気の配線、水の配管など、すべてをできる限り見せています。館の内部は「遊環構造」を形成していて、子どもだけが通れる動線がつくられています。以上が僕のやっている子どもの遊び空間のデザインの中でも、大きな部分です。

環境デザインの将来

20世紀前半、建築というものを様式から空間として捉えるという、一つの流れが出てきました。そして1960年代からは、建築を環境として捉えようという考えが生まれました。そしてこの21世紀には、さらに地球環境の一つとして捉えられていくので

図16 「浜松科学館」(1986)

はないかと思います。僕はこれまで、環境デザインを中心的な仕事としてきました。地球や国土、都市や公園、建築、インテリアデザイン、あるいはグラフィックデザインと、仕事のスケールによってデザイン分野は分かれていますが、それを通観する方向として、環境デザインがあるのではないかと考えています。例えば子どもの環境デザインを考えた場合、子どもたちは道でも遊ぶし、公園でも家の中でも、遊具でも遊ぶ。だから子どものデザインをやろうと思ったら、地域のデザインから造園のデザイン、都市のデザイン、建築や遊具、グラフィックまで、さまざまなデザインにかかわっていかなくてはならないと思っています。

もう一つ、環境デザインは関係のデザインでもあると思います。物と物の間、あるいは空間と空間の間の関係を考えることです。今重要なのは、自己から他者への関係、あるいは内から外、過去から未来、地域から地球へという関係に注目すること。要するに、その建築を外から眺めるのではなくて内側から眺めていく、あるいは自分から他者へのまなざしが必要ではないかと思うのです。他者へのまなざしや、地球環境へのまなざし、これが重要です。やはり21世紀の建築の課題は、地球環境に対してどのように建築が寄与するかという点だと思います。ですから省エネルギーや省資源、資源の循環についても考えていかなければならないと思いますが、そういう技術的な問題だけではなくて、空間としての関係性に着目する必要があると思っています。

これは1998年に完成した、「兵庫県立但馬ドーム」という屋内野球場です[図17]。公募型のコンペで獲った仕事です。但馬地方は、関西のスポーツ合宿のメッカです。冬はスキー、夏はテニスや野球など、関西の大学や高校の体育系の学生たちが合宿しますが、結構雨が多いところです。そのため、大きな屋根のあるドームが構想されました。普通、ドームというと屋根が丸っこいのが多いのですが、僕はこの山間の中で、大きな山小屋のようなドーム建築をつくりたかった。このドームは半分がテフロン膜でできていて、約3分の1が開閉します。屋根が開くと、向こうの但馬の山々が見えて、みんな感動してくれます。僕の建物には子どもの遊び場が大体付いていますが、ここにもスポーツミュージアムという、子どもが遊びながら体力や運動能力を検査する場所があります。

図17 「兵庫県立但馬ドーム」(1998)

環境建築家になろう

皆さんは将来、大学を出てからいろいろな仕事に就くでしょうが、僕はもらった給料を全部生活費に使ってしまうのではなくて、10%は自分のキャリア、学習のために投資する必要があると思います。設計事務所ですと、仕事で得たデザイン料で事務所を運営していくわけですが、10%は次の研究に投資すべきだと考えています。ですから、あなた方も大学を出ても給料の10%くらいは、自分をさらに向上させるため自分に投資しないといけません。とにかく、何かの研究をし続けていくことが必要だと思います。10年くらい一生懸命一つのテーマを研究すれば、博士にはなれなくても1冊の本くらいは書ける。僕は40年間、環境デザインあるいは環境建築というのをやってきましたが、あなた方はさらにもっと新しい分野を学んでいるのです。僕が学生の時は製図板で手描きでスケッチをし、図面を描いていました。パソコンで図面をつくっているあなた方の時代とは、ツールも違うし、やり方も違う。そこにはこれまでとは違う、新しい領域、新しいデザインがあると思います。皆さんはぜひ、新しい建築デザインにどんどん挑戦していってください。

環境建築家になるために、10の教えをまとめてみました[表2]。まず第1に、環境建築家、デザイナーになるには才能が必要です。でも才能といっても、あんまり差はない。心配することはありません。大事なことは、努力する才能が必要だということ。地道に努力をし続ける能力、才能は必要です。2番、3番目は、建築だけではなくて、緑に対する知識や、あるいは構造設備に強くなることが大事です。4番目は、やはり年代としては35歳程度までに、自分はこの道でやっていこうとか、そういうことをいえる必要がありますね。一番いいたいことは、この5番です。一つの課題に対して、たくさんの案を考えましょう。学生時代だと、一つの課題に対して一つの案くらいしか考えないけれど、とにかくたくさんの案を考えることが大事です。また、たくさんの案を考えるだけではなくて、それらを徐々に収斂させていくことを身につける必要があります。6番目に、空間のデザインというのは寸法が重要です。それから、仕事は向こうからやってきません。これからはどんどん、自分のやりたい仕事を自分から積極的にアプローチしていく必要があります。そのためにはネットワークが欠かせません。これが7番目。情報のネットワーク、あるいはチームが必要なのです。自分一人でやれることには限界があ

表2 環境建築家になるための10の教え

1	デザインは才能と努力
2	緑のデザインをマスターせよ
3	構造・設備に強くなろう
4	35歳までが勝負
5	たくさんの案を考えろ
6	寸法を体得せよ
7	ネットワークをつくり、チームをつくれ
8	研究から実施まで
9	Presentationが重要
10	独創的な仮説を

ります。それから8番目は研究。先ほどから強調しているように、人と同じことをやっていてもだめで、自分の専門領域をつくらなければならない。だからこれだけは他の人には負けない、という部分をぜひつくってください。9番目はプレゼンテーションです。自分がどういう人間か、自分はどういうことができるか、いつも売り込めるようにしておくことが必要です。皆さんも近い将来、例えば入社試験だとか、自分を売り込まなければならない場所に行くでしょう。ですから、いつでもどこでもプレゼンテーションできることが必要です。最後に大切なことは、自分だけの独創的な仮説をもつこと。これから建築家としてやっていくためには、他の人とは違うことを考えていかなければなりません。

皆さんはこれから地球環境建築を目指して、地球環境建築家になってほしい。僕らの時代はドメスティック、日本だけが活動のフィールドだったけれども、これからは皆さんには世界、アジアを目指してほしいのです。

僕もアジアで少しずつ仕事をやり始めましたので、最後にいくつかプロジェクトをお見せしようと思います。これは上海のテニスセンターです[図18]。15,000人収容の建物で、ドームがカメラのシャッターみたいに15分くらいで開きます。ここではマス

講演会の風景

ターズカップが開かれます。次は広州の80,000㎡ぐらいの大きな体育館です[図19]。これは2006年11月にオープンします。中国の大きなプロジェクトはすべて国際コンペです。だから日本やアメリカ、イギリスなどのヨーロッパの建築家が、どんどん競争しています。僕もオリンピック施設に挑戦しましたが、結局、実現までは至りませんでした。建築というものは自分の表現でもあるけれども、同時に社会的な責任もすごくあるのです。そういう意味で建築とは、やはり挑戦しがいのある仕事だと思います。皆さんも頑張ってください。皆さんのご健闘を祈ります。

本論は2006年10月18日に関東学院大学建築学科で行われた、仙田満氏による学生を対象とした講演会の内容を収録したものです。
記録 中津秀之／編集 黒田泰介

図18 「上海旗忠森林体育城テニスセンター」(2005)

図19 「広東省佛山市体育館」(2006)

第2部
住宅を
デザインする

課題を始めよう

KEYWORD
建築のデザイン
課題の読み方
事例研究
コンセプト
スケジュール
エスキス

1 建築のデザインとは?

今日から新しい設計課題の始まりです。内容は……住宅の設計ですね。これから建築デザインを学び始める前に、「デザイン」という言葉、そして「住宅」について、ちょっと考えてみましょう。

「デザインとは、ある目的に向けて計画を立て、問題解決のために思考・概念の組立を行い、それを可視的、触覚的媒体によって表現すること」(福井晃一編『デザイン小辞典』)。英語のデザイン(DESIGN)は「設計」や「意匠」、「図案」などさまざまに訳されますが、その語源はラテン語のDESIGNO(明確にすること、秩序立てること)にあります。「建築をデザインする」とはすなわち、いろいろな要求や条件、時には対立する要素を明らかにし、1棟の建物としてまとめ上げることなのです。

かつて、建築家ル・コルビュジエは「住宅は住むための機械である」といいました[図1]。彼の言葉のように、住宅はある一面では自動車や船といった機械のように工業技術を駆使して、要求された機能と性能を効率的かつ合理的に満たすためにつくられます。しかし、また一方では、住宅は毎日の生活を温かく包み、家族みんなのいろいろな思い出に満ちた、居心地の良い場所であるべきです。家族を包む器として、住宅には住む人のライフスタイルが反映された、気持ちの良い場所であることが求められます。

日本では従来、「デザイン」という言葉は工学的な設計と区別され、色やかたちの表面的な美しさに工夫を凝らす、美術的な概念と捉えられてきました。でも、上記のように建築デザイン、特に住宅の設計では、さまざまな問題を技術的に解決するとともに、人間の感性にうったえる美的な要素が同時に求められるのです。

図1　サヴォア邸(ル・コルビュジエ、1929)

2 課題の読み方

さて、まずはじっくり、手元に配られた課題説明書を読んでみましょう[図2]。冒頭には、今回求められている建築のテーマ(主題)が示されています。住宅の課題なら、それが誰のための家か、どこに建つのか、解決すべき問題は何かなどの基本的な設定が、簡潔に書かれていることでしょう。

続いて課題要件として、敷地の条件や法的規制、構造、規模・所要室といった重要な項目が並んでいます。こうした項目は、実際の住宅設計でもほぼ同様の内容が求められます。なぜ課題にこのような条件がつくのでしょう？　それは、設計課題が現実の仕事のシミュレーションだからです。とはいえ、現実の建物を必要以上に意識する必要はありません。むしろ、設計の授業とは一定の条件の中で、皆さんがどれだけ自由にテーマを発展させることができたかを評価する場でもあるからです。

それでは始めに、敷地から見ていきましょう。建築は、大地の上につくられる立体的な構築物です。そのため建築と、建築が建つ場所＝敷地は、分けて考えることができません。すべての土地は、それぞれ強い個性を持っています。見晴らしの良い場所、日当たりの良い場所、斜面、新しい住宅地、古くからの町並み…。建築のデザインでは、場所の個性を

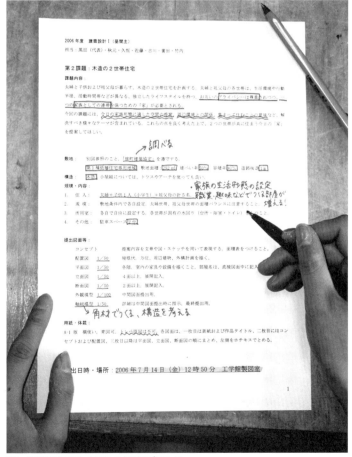

図2　課題説明書を読む…気になった点は忘れずにマーク

活かして、その良さを最大限に引き出すように考えるのが大切です。敷地の読み方については、第2章で詳しく説明しています。

設計課題では多くの場合、建てるべき建築の規模・面積があらかじめ決められています。実際の設計では、こうした基本的かつもっとも重要な点は、建築主の要望や予算、都市計画法や建築基準法といった法的規制などによって決められます。これらの法律は、都市の中で多くの建物が集まって建ち並ぶ時、他の人たちに迷惑をかけないための最低限のルールです。設計課題が実際の仕事のシミュレーションである限り、こうしたルールを守った上でデザインを考える必要があります。建ぺい率や容積率などの、都市と建築の法的関係については、第3章を参照してください。

建物全体の規模がすでに決められている一方で、住宅を構成するさまざまな部屋やその配置については、皆さんがテーマに従って自分で考え、最良のものを提案しなければなりません。建築に求められるさまざまな機能や要求を整理し、まとめ上げて、最適な空間構成を提案することを建築計画(プログラミング&プランニング)といいます。建築の場合、必要な内容を記号的にまとめてから、その後にかたちを考えるのではなく、機能と

図3　住宅の軸組模型…空間と構造をデザインする(学生の設計課題から)

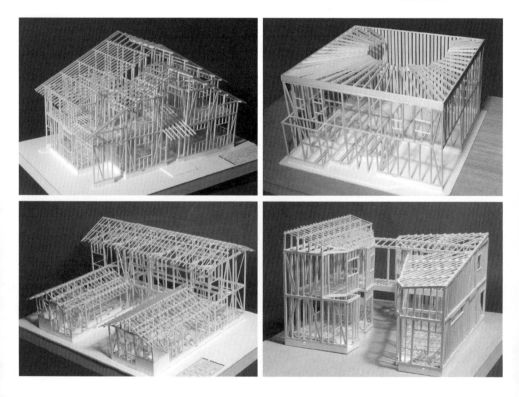

住宅をデザインする

空間構成とを常に一緒に考えていくことが大切です。計画については第4章で、また住む人にやさしいバリアフリーとユニバーサルデザインについては第5章で、さらに建築計画を平面図としてまとめる方法については第6章で詳しく解説しています。第7章では逆に立体からデザインを考える方法を説明します。

人間の生命と財産を守るために、丈夫で安全な建築をつくるには、しっかりした構造を計画することが大事です。現代の住宅では、木造を始めとして鉄筋コンクリート造(RC造)や鉄骨造(S造)など、規模やかたちに応じて、多種多様な材料と構造が用いられます[図3]。建物の構造は大きく、骨格(スケルトン)と皮膜(スキン)に分けることができます。この骨格をどのようにつくるか、皮膜に何を使うかによって、建物の安全性や耐久性、雰囲気が大きく変わっていきます。構造を理解し、それを使いこなすことは、豊かな生活を包む器をデザインするために、とても重要です。構造のデザインについては第8章を参照してください。

さらに建築デザインでは今日、地球環境に配慮しつつ、室内外で豊かな暮らしを楽しむための環境計画が欠かせません。環境設備と建築デザインの関係については第9章、建築デザインに不可欠な寸法感覚については第10章、庭園やアプローチを含む建物外部の計画については第11章で述べていきます。

3　事例研究の進め方

人が住まうために必要な空間を考える時、自分が持つ限られた知識と経験だけに頼っていては、提案の内容も非常に限られたものになってしまいます。計画を進めるためには、参考となる優れた建築から良い点を学びつつ、自身が直面する問題を解決していかなければなりません。今日では『新建築』や『a+u』、『GA Japan』『カーサ・ブルータス』といった建築専門雑誌、インターネット上のWEBサイトなど、さまざまなメディアを利用して、優れた建築を参照することができます[図4]。その中でも皆さんのために特に1冊を選ぶなら、『コンパクト建築設計資料集成』(日本建築学会編、丸善)をお勧めします。この本には住宅を始め、学校や美術館、公共施設などさまざまな建築が収録されており、建築とは何かを概観する上でも最適な教科書です。

資料集成には数多くの事例が、図面とともに解説されています。これらの事例は、住宅では「都心居住」「多様化する住まい手」「構造・構法」など、いくつかの種類に分類されています。参考となる建物を探すためには、まずは自分のテーマに沿った分類の事例を調べるのが最短距離でしょう。巻末の事例索引・文献リストを使って、図書館などで関係する

図4　いろいろな建築雑誌…気に入った本を読んでみよう

文献を探し、より詳しい図面や写真を見れば、さらに理解は深まります。本書にも、巻末に古今東西の住宅作品セレクション「居住空間のケーススタディ」が収録されていますので、ぜひ参考にしてください。

個人住宅の見学は難しいですが、公共建築ならばぜひ実際に見に行って、建物の内部に入ってみましょう。絵画や彫刻と異なり、建築は「空間の芸術」といわれます。実際に自分の身を置いて、空間を体験することこそが、建築を理解するための最高の方法です。優れた建築を見た時の感動は、ぜひスケッチとして残しておきましょう[図5]。シャッターを切るだけの写真と異なり、1枚のスケッチを描く時には、建築空間を注意深く観察することになります。そこには手と目をフルに使った、建物との豊かな対話が生まれます。

図5　スケッチしながら空間を読み取る。上・ルイ・カレ邸(A.アアルト、1959)、下左・バラガン自邸(L.バラガン、1947)、下右・紙の家(坂茂、1995)

図6　住宅のコンセプト例(学生の設計課題から)

事例研究を進める時に大事な点は、自分のテーマからみて、その建物の何がどのように優れていて、具体的にどこが参考になるのかを明確にすることです。注目すべき具体的なポイントとしては、1.敷地の使い方と配置計画、2.平面計画、3.断面計画、4.構造計画、5.設備・環境計画などが挙げられます。写真や図を見ながら大切な部分を抜き取ってスケッチしたり、写真や図面の中にコメントを書き込んだりするのが有効です。こうした作業を「分析」といいます。特に第4章で説明する人・モノの動き(動線)や各機能が占める領域(ゾーニング)を想像し、平面図や断面図の上に色や矢印で表現することは、同様の空間を自分で計画する時に、大変参考になります[図6]。

4　コンセプトを立てよう

建築を考える時、かたちをつくり上げていくためのおおもとの考え方のことを、「コンセプト」conceptといいます。例えば音楽の分野での「コンセプトアルバム」とは、何らかのテーマやストーリーをもとに、複数の曲を集めたものを指します。しっかりしたコンセプトが立てられていないと、それを基本概念としてさまざまな要素をまとめること=デザインは成り立ちません。

デザインのコンセプトには大きく分けて、機能に関するものと、空間に関するものとの二つがあります。住宅では、これからどのような暮らしをしたいのか、理想のライフスタイルの姿を導くものが「機能のコンセプト」です。その暮らしを実現するために、必要な住空間のかたちを指し示すものが「空間のコンセプト」になります[図7]。明るい光に満ちた家、風が通

図7　かたちを導くコンセプト

集める

岡山の住宅(山本理顕、1992)など

ずらす

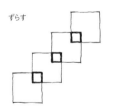

フィッシャー邸(L.カーン、1969)など

つなぐ

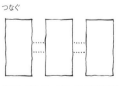

ダラヴァ邸(L.コールハース、1991)など

り抜ける家、間取りを自在に変えられる家、窓から見える景色を楽しむ家など、建築のかたちと空間構成はこれらのコンセプトから導かれます。
では、デザインのコンセプトは、どのようにして考えればよいのでしょうか？ 多くの場合、それは入念な敷地調査や数多くの事例研究、また日々の観察の積み重ねから、おのずと発想が浮かぶものです。コンセプトとは、ある人にとってはデザインを進める重要なヒントであっても、他の人には何でもないことかもしれません。優れた建築家やデザイナーは常に問題意識を持ち、考え途中のテーマをいくつも抱えているものです。デザインの技術は、数をこなせば誰でも確実に上達します。しかし今、直面しているテーマを解決するための的確なコンセプトを見つけられるか否かは、不断の努力と良いテーマを見分けるセンスにかかっているのです。
優れたコンセプトは、機能をまとめる時に有効な概念であると同時に、具体的なかたちを導く指針としても働きます。コンセプトを明快にすることで、デザインの作業もスムーズになるのです。コンセプトと機能構成との関係については第4章を、コンセプトに従って具体的なかたちを導く方法については第5章を参照してください。

5 スケジュールの立て方

設計課題は数週間という決められた時間の中で計画を練り、エスキスを繰り返し、図面や模型を制作して提出しなければなりません。提出3日前になって、あわてて制作しようとしても絶対間に合いません。要求された提出物を決められた時間に、決められた内容を満たして出すためには、しっかりと準備しておく必要があります。できることならば、デザインの作業は提出1週間前でほぼ終了し、残りの1週間はプレゼンテーションの準備に充てたいものです。自分の考えを人に効果的に伝えるためには、入念なプレゼンテーションが欠かせません。せっかく素晴らしいアイデアを思いついても、未完成な図面や乱雑な模型では、誰にも理解してもらえません。

課題説明書には大まかなスケジュールが記載されているはずですが、これをもとにして、皆さん独自の予定を立てましょう。スケジュールを守るのが苦手な人ほど、予定をよく立てておかねばなりません。前もって、やらなければならないことをリストにして、それを行う期日を決めておけば、あとは仕事は進んでいくものです。良い結果を得るためにも、スケジュール管理にはくれぐれも注意してください。

6 エスキスについて

設計演習という授業の特徴は、「エスキス」esquisseを主軸として組み

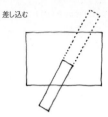

差し込む

サン・ヴィターレの住宅(M.ボッタ、1973)など

囲む

シルバーハット(伊東豊雄、1984)など

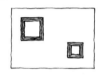

置く

ファンズワース邸(ミース・ファン・デル・ローエ、1950)など

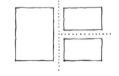

分ける

シュレーダー邸(G.T.リートフェルト、1924)など

並べる

イームズ自邸(C&R.イームズ、1949)など

図8 エスキスを重ねるほど、デザインの密度と強度は増していく

立てられていることです。このフランス語は「スケッチ」や「下絵」、「素描」を意味します。与えられた課題に対して、皆さんは納得いくまで何度もエスキスを重ねて、自分の考えを洗練し、発展させていくことが求められています。エスキスとはまた、先生と学生が一つの課題に対して、課題の進行状況を1対1の個人指導でチェックする時間でもあります。建築設計のプロである先生と共に、自分の考え方や進め方が正しいか確認し、的確なアドバイスをいただく、あるいは理想とする建築について議論を戦わせるための、真剣勝負の時間なのです[図8]。

大事なことは、エスキスを受けるその日その時までに、先生に自分の考えを説明できるように、十分な準備をしておくことです。アイデアスケッチや簡単なエスキス模型は、先生と自分の作業内容を検討するための重要な材料となります。エスキスを重ねることにより、自分のぼんやりとしたアイデアを明確にすることができ、今後やるべき作業も見えてきます。授業を有益なものとし、良い作品が生まれるか否かは、すべて皆さんの心がけと準備にかかっています。先生方も、皆さんのやる気と情熱に正比例して、さまざまなことを熱心に教えてくださるはずです。エスキスの進め方とその内容については第6、7章でじっくり解説していきます。

敷地の特徴を読みとろう

KEYWORD
敷地
環境
日光
風
五感
スケッチ
生活

1 敷地調査の心構え

地球上の環境問題について考える時の心構えとして、よく"Think Globally, Act Locally"といわれています。直訳すると、「地球のことを考えながら、地域で行動しよう」という意味です。すなわち地球全体に広がる広範囲の環境の仕組みを理解した上で、身近な環境問題を解決するための行動を開始しましょうということです。この考え方は、環境問題だけでなく、建築について考える時も同じことがいえます。たとえ小さな建物を設計する時でも、大きな視野を持って十分な調査を行った上、細心の注意を払って慎重に設計することが重要です[図1]。

図1 Think Globally, Act Locally !

特に住宅の設計であれば、お金を出す施主にとって、一生に一度の高価な買い物であるだけでなく、その家で暮らす家族にとっては、二度とない毎日のドラマの舞台となります。住宅を設計することは、多くの人たちの幸せを設計することなのです。そのような重要な建物を設計するわけですから、建設予定の敷地をしっかり調査する必要があります。また建設敷地だけでなく、敷地周辺がどのようになっているのか、駅から敷地までは、どのような道を歩いて帰ってくるのかなど、調べるべきことは無限にあります。この章では、その一部について説明したいと思います。

2 まず「感じる」、そして「観察」する

初めて出会った人に対して、好感を持ったり、なんとなく敬遠したりする経験は誰にでもあると思います。敷地との出会いも同じで、同じ敷地でも設計する建築家によって感じ方はいろいろです。しかし初めて敷地を訪れた時の印象（ファーストインプレッション）は、これから設計を進めていく上で非常に大切にしなければなりません。なぜなら、その印象の中に、敷地と設計者であるあなたとのもっとも重要な接点があるからです。

人は、初めて体験する環境に対して、自分の記憶の環境と比較して評価する癖があります。すなわち、あなたが今まで訪れた場所や見たことのある景色、現在住んでいる家や子どもの時、遠足で行った町並み、これらすべてが皆さんの脳の中に、環境の引き出しとして記憶されていて、

図2　現地でスケッチを描く

その一つひとつを引き出しから出しながら、目の前に現れる新しい場所と比較し、評価しているのです。しかしこの評価は、放っておくとすぐに記憶から削除されてしまう繊細な情報なのです。この情報を記録するために、建築家はスケッチを描きます[図2]。写真では記録できないからです。カメラは、目の前に広がる環境の構成要素「すべて」を克明に記録するための道具ですが、記憶は、その情報の中から人生を通して培ってきた価値観のフィルターを通して評価した断片なのです。言い換えると、あなたが「感じた」ものをスケッチした絵は、設計者であるあなたの人生と、目の前に広がる現実の敷地を結び付ける架け橋といえます。このスケッチを眺めることで、建築家は設計の過程で、いつでも敷地を訪れた時の初心に帰ることができるのです。

さて、ファーストインプレッションをもとにスケッチを描いたら、今度はいろいろ考えることを始めなければなりません。ここから先が「観察」です。人それぞれ異なった記憶をもとに敷地の状況を感じとると話しましたが、そのキッカケとなっている情報は、人間が五感で知覚できる科学的な情報から判断しているのです。五感とは、聴覚(耳)、嗅覚(鼻)、視覚(目)、触覚(皮膚)、味覚(舌)の五つの感覚です[図3]。これらの感覚器官をフル活動させて、目の前の敷地を「観察」することで、スケッチを描いた時のイメージの原因を探るのです。これは、非常に科学的な作業であると同時に、設計するための直接的なキッカケを見つけることにもなります。この時、目に見えるモノを観察するだけでなく、目に見えないコトを「感じとる」ことが重要です。これこそが、建築設計の難しさであり、楽しさでもあります。

図3　五感をフル稼働させる

3　敷地調査の項目と分類

それでは、どのように場所の調査をするべきか、調査項目を挙げてみましょう。地面はどうなっているのか、樹木は生えているのか、などのようにひと目見て判断できるものから、風はどこから吹いているか、どのような音がどちらの方向から聞こえてくるのか、といった通常見過ごしてしまいがちな情報までいろいろありますね。それらを分類して頭の中に整理し、設計作業中、必要になった時にいつでも取り出せるようにしておく必要があります。この分類方法は人それぞれですが、簡単な例として、敷地の「中」と「外」に分けてみましょう。敷地の中とは、言葉の通り、道路境界線と隣地境界線で囲まれた、道に接するひとかたまりの土地です。この敷地の中における「物理的」な環境と、敷地の外における「社会的」な環境の二つに大きく分けて具体的に説明していきましょう。

■ 3-1　敷地の「中」における物理的な環境

敷地の中における物理的な環境を、さらに動かないものと動くものに分類します。そして「動かない」物理的環境として、最初に観察すべきものに「地形」があります。この地形とは、平面図上の地面の形です。このかたちが正方形や長方形のようなわかりやすいかたちであれば、簡単に住宅を設計することができるかもしれませんが、多くの敷地は世界に一つしかない、イビツなかたちをしています。この敷地の形状によって、建てる建物のかたち、すなわち壁の位置が変わるので、設計作業において、もっとも重要な環境要因といえるかもしれません[図4]。

図4　敷地形状を味方にする設計を

二番目は敷地の「傾斜」です。地面は、必ずどちらかへ傾いています。降った雨水を流すためです。水平に見えても、少しは高低差があるのです。その傾斜に沿って雨水が流れるだけでなく、トイレの汚水やお風呂や台所で使った生活雑排水を、道路下に埋設された下水管につなぐことも考えなくてはなりません。ということは、敷地の地表面の傾斜は、風呂やトイレ、台所の位置に影響を与える重要な情報である、ということになります[図5]。

図5　敷地の傾斜を考える

三番目は、少し専門的になりますが、地面の「土の性質」です。地面を掘って基礎をつくり、その上に住宅を施工するわけですから、地盤が強くなければしっかりした住宅を建てられません。この地面の強さを正確に知るためには、特別な調査をする必要がありますが、経験を積んだ建築家であれば、地表面の状態や周辺建物の基礎を観察することで、おおよその強さを予測することが可能です。土質が粘土質か砂質かなども影響があります。もし地盤強度が足りない場合は、地盤改良をするか、基礎形状を慎重に設計する必要があります[図6]。

図6　地盤の強度を考える

次に、「動く」物理的環境について説明します。まず一番重要なのは「光」です。住宅設計の場合に考えるべき光とは、日光のことです。なぜ、日光が動く物理的環境かというと、時間によって変化するからです。従来、誰もが明るい日光を浴びながら生活したいと考えていると思いますが、「朝日はすがすがしいから好きだけど、西日は暑いから嫌い」とか、「冬は暖かいけど、夏はチョット…」とか、24時間のリズム[図7]や365日の周期[図8]によって、生活における日光の感じ方は、人によって異なることを知っておく必要があります。

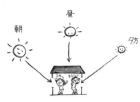

図7　一日の日光の向きと高さを考える

二番目は「風」です。敷地の中央に立って、目をつぶって風を感じてください。どこから吹いてきますか。それは強い風ですか、涼しげな風ですか。日本古来の建築物は、夏の暑さをしのぐことを重視して設計されていました。冬の寒さは、着物を重ね着することで我慢できたのですが、夏の暑さは建築の設計で解決せざるをえなかったのです[図9]。現代に生活

図8　季節による日光の違いを考える

図9　夏に涼しい日本の昔の家

図10　ヒートアイランドの原因

図11　資料を調べる

図12　隣接住戸への迷惑も考える

する私たちには、エアコンという便利な機械がありますが、電気の使用は地球環境を悪化させる第一歩ですし、室外機から気化熱を外に吐き出すことは、都市のヒートアイランド現象を激化させることになります[図10]。建築家として、可能な限り頼るべきでない電化製品の一つがエアコンです。ということは、敷地に吹く風をいかに利用して、夏は涼しく冬は暖かい室内空間を設計するかが、求められているのです。そのためには、風をどうやって利用すべきかを、敷地に立ってしっかりと考えることが重要です。

▪ 3-2　敷地の「外」における社会的な環境

住宅のような小さな設計では、敷地の中のことばかりに注目しがちですが、たとえ小さな一軒の住宅でも、都市という大きな社会の一員であることを忘れてはいけません。周囲の建物と足並みを揃えるということと、個性を発揮するという、一見逆説的なことのバランスを模索する中から、地域における文化的な素晴らしいデザインが生まれるのです。そのためには、近隣住戸の建物の高さ、壁面や屋根の色や形状、そして前面の道路から玄関までの距離など、その地域ならではの規則を読み解き、自分の設計する住宅に応用させることを心がけましょう。そのためには、その地域の昔の町並みの写真を見てみることや、古い地図を眺めてみることも重要な手がかりとなるかもしれません。文献などを使って、歴史的な環境を知ることも大事なことなのです[図11]。

見た目に観察できる上記の項目に加え、目に見えにくい社会的な環境として、人の暮らしがあります。となり近所に住んでいる人たちとの関係は、今後生活していく上で重要な人間関係です。あなたが設計した住宅のために、北側に住んでいる人の家が日陰になってしまったのでは、良好な人間関係が構築される可能性は低いかもしれませんし、隣りの家に落ち葉が落ちたり、雨水が流れ込んだりしたら、大きな迷惑となるでしょう[図12]。そうならないためにどうするべきか、設計する時にしっかりと敷地の「周縁部」を観察しなければなりません。またあなたの設計した住宅で、子どもが生まれ育っていくことを十二分に想定して、子どもが活動するうえで、危険なことが起きないような配慮をする必要があります。具体的には、敷地が接する前面道路と敷地の段差や、その道路の交通量、そして交差点までの距離など、自宅の出入りにおける事故遭遇の可能性を極力避けるための検討をすることは、遊びに来る近隣の方々に対してもやさしい計画となることでしょう。

4　敷地調査のジレンマ

この章の冒頭で、"Think Globally, Act Locally"という考え方について話しました。降った雨が地面を流れ、集水桝と呼ばれる四角い穴から溝に落ちて、道路の下に埋設されている雨水管を流れ、川に押し出される。その水が海で蒸発してまた雨となる。この旅路に思いを馳せるだけでも、雄大な地球の一部に触れていることを実感できませんか。建築家はそのサイクルのなかに人間の生活をはめ込む仕事をしているのです。大きな視野を持つ一方で、細心の注意で設計しなければならないのはそのためです。

また敷地環境の調査で重要なことは、あまり形式的にならないことです。例えば、樹木一つとっても、生物としての樹木とするなら「生物的環境」の一部であるし、日陰をつくり出す要因として考えるなら「物理的環境」といえます。また落ち葉が隣りの家の庭に落ちてしまうなら「社会的環境」として考える必要があります。このように、一つのモノでも立場が変われば、その意味が変わってくるのが環境調査の難しさです。建築家の設計活動は、芸術家のように感じて、科学者のように観察することが求められます。その一方で、すべての環境項目を完璧に理解したからといって、素晴らしい設計ができるわけではありません。日々の業務の積み重ねのなかで、探究心を失うことなく、多くの良い建築を見に出かけ、自分の頭のなかにデザインの引き出しを増やしていくことは、どんなに忙しくなっても怠ってはいけないことなのです。

Column —— 1
映像と建築

映像で見る建築には、雑誌やネット上の写真や記事を見たり、また実際に見学するのとは違った面白さがあります。物語の背景となる建物や街並みは、映像のつくり手である監督の意図に従って、あるイメージを的確に伝えるために、多くの演出が加えられています。実際とは異なった使われ方がされていたり、照明や装飾で全く違う建物に見えたり…。こうした演出によって、時には本物の建物よりも魅力的に見えたり、特徴的な空間を生き生きと追体験することができるのです。

4章「プログラムを考えよう」で説明する「シークエンス」という手法は、ドラマや映画づくりに欠かせません。訪れる人に見せたい、体験させたい空間を、順を追って構成し、ある物語をつくり出すシークエンスという考え方は、複数の単位空間をまとめ上げていく建築の計画にとって、大切な視点なのです。

建築や都市空間には、時に物語の舞台となった重要な役割が与えられます。大林宣彦監督の「転校生」(1982)、「時をかける少女」(1983)、「さびしんぼう」(1985) の尾道3部作では、物語の共通の舞台となった瀬戸内海の美しい街並みと自然が印象的です。「東京物語」(小津安二郎、1953) は、茶の間とちゃぶ台をコミュニケーションの中心とする和風住宅の生活感を見事に伝えています。「不夜城」(L.チーガイ、1998) では新宿歌舞伎町の猥雑な都市空間がセット (実物大の舞台美術) で再現され、本物をしのぐ迫力を見せていました。SFでは、「メトロポリス」(Fラング、1926) の摩天楼がそびえ立つ未来都市のイメージは、「ブレードランナー」(R.スコット、1982) の酸の雨が降り続く薄汚れた近未来、「フィフス・エレメント」(L.ベンソン、1997) の重層的な都市空間、「スパイダーマン」(S.ライミ、2002) のよじ登り、蜘蛛の糸につかまって猛スピードですりぬけるビル街の描写に引き継がれています。「となりのトトロ」(宮崎駿、1988) に出てくる洋館付き住宅 (玄関脇に応接用の洋間が設けられた昭和初期の住宅) は、主人公とトトロたちの出会いをもたらす、物語に不可欠な窓口役として描かれていました。

皆さんもいろいろな映画を見ながら、建物を訪れる人に素敵な印象を与えるための「空間の演出方法」を、ぜひ建築家の視点で考えてみてください。

サツキとメイの家 (「となりのトトロ」より)

3 都市との関係を調べよう

KEYWORD
用途地域
建ぺい率
容積率
斜線制限

「住宅」の設計をするのに、「都市」との関係を知る必要など、あるのでしょうか？ …無論、大ありです。
住宅の設計とは、そこで暮らす人の生活の場をしつらえることですが、住まいの中だけで一生を終える人はいないでしょう？　住まいから出て学校へ行く。買い物や映画から、帰宅する。ジョギングや散歩で、街なかを歩き回る。自動車であちこちへ行くこともある。これら「住まい内外の活動の総体」が私たちの生活であり、設計に反映されなければなりません。
また、あなたの設計する住宅は、周囲の環境や街並みにも調和しなければなりません。ですから、敷地の内部を考えるだけでは、不十分です。社会とのかかわりを踏まえて設計するのであれば、「社会のルール」（法的な仕組み）などについても、知っておく必要があります。

1　人間も建築も、社会的な存在

無人島に流された人ならいざ知らず、一人ぼっちで生きている人など、いません。みんな、社会の一員として日々を過ごしています。社会とは、大勢が協働する場です。お互いに助け、助けられて生きる場であり、人に迷惑をかけず自分のできることをすることが求められます。
しかし、人は、顔立ちも性格も違えば、利害関係にも異なります。ですから、ややもすると衝突が生じかねません。それを乗り越えて調和的に暮らすためには、みんなが合意できるルールをつくり、それを守ることが必要です。例えば、信号の「青」は進め、「赤」は止まれ、というようにです。
そのようなルールがなかったり、あるいは、守らない人がいたら、交差点は大混乱となるし、事故も多発するでしょう。大勢の人が密集して暮らす都市では、建物も密集しています。従って、建築や都市に関しても、そのようなルールが必要となります。国民として守るべきルールを定めたものが、「法律」です。

2　建築関係の法令

ルールづくりの基本は国（国会）が定める法律ですが、都道府県、市町村といった地方自治体の議会が定めるルール（これを「条例」という）などもあり、

これら全体を通常、「法令」といいます。社会へ出て、実際に建築の仕事を行う上では、法令を順守するのが当然であり、絶対に必要なことです。建築関係の法令は複雑多岐にわたるので、その本格的な学習は高学年に譲るとして、ここでは、住まいのデザインに関係する基本的な事項について、学びましょう（実は、建築設計の初学者は、「あまり法令にこだわらない方が良い」ともいえるのですが、このことについては、後で述べます）。

住宅を含む建築設計で、もっとも深く関係する法令は「建築基準法」で、ついで「都市計画法」があります（条例は、その自治体だけに適用される──例えば、「横浜市条例」であれば、横浜市内だけに適用される──ルールですから、ここでは触れません）。まず、「都市計画法」で、安全・健康・機能的な都市を形成させる上で必要な仕組みが定められています。それを受けて、個々の建築物をつくる上での基準を定めたのが、「建築基準法」なのです。

「建築基準法」の内容は、大きく二つに区分されます。一つは、どこに建つのであろうが、どんな種類の建物であろうが、建物であるからには人や財産を守るために絶対に備えていなければならない条件を定めたもので、通常「単体規定」（建物一つひとつに適用されるルール）と呼ばれているものです。もう一つは「集団規定」（建物が集団的に建つ場合に適用されるルール）といわれているもので、建物が建て込む市街地で、周辺の建物に悪影響を与えないようにするために定められたものです。

3　用途地域による建築物の制限

まずは、「都市計画法」から見ていきましょう。

都市に立地する建物は、実に多種多様です。居住施設（庭付き一戸建住宅もあれば、マンションやアパートもある）、教育施設（幼稚園、小学校から大学まで）、商業施設（商店街の八百屋さん、魚屋さんから、ショッピングセンター、デパートまで）、工業施設（町工場から造船所や石油精製工場まで）、公共施設（市役所や公民館など）などなどです。

これらには、「仲の良い組み合わせ」もあれば、「具合の悪い組み合わせ」もあります。学校と住宅は、仲良しといえそうですが、病院と工場が隣り合わせでは、具合の悪いことも生じそうです。そこで、「都市計画法」には「用途地域」という制度が設けられており、そのような弊害を避ける仕組みができています。例えば、「低層住居の専用地域」と指定された場所には、超高層のオフィスビルや火薬工場は建ててはいけないし、反対に「工業専用地域」と指定された場所には、学校や住宅は建ててはいけないことになっているのです[表1]。

従って、建築の設計を依頼された時には、その場所が「どのような用途地域の指定を受けているか」を確かめることが、まず必要です。マンショ

ン設計の依頼を受けて設計図を仕上げたものの、後で「ここでは、マンションは建てられない」とわかったら、無駄仕事となってしまいます。

4 建築物の規模の制限

次に検討しなければならない基本的なことに、「規模」の問題があります。建主から「どれくらいの規模にしたいか」が、まず出てくると思います

例示	第一種低層住居専用地域	第二種低層住居専用地域	第一種中高層住居専用地域
住居、共同住宅、寄宿舎、下宿			
兼用住宅のうち店舗、事務所等の部分が一定規模以下のもの			
幼稚園、小学校、中学校、高等学校			
図書館等			
神社、寺院、教会等			
老人ホーム、身体障害者福祉ホーム等			
保育所等、公衆浴場、診療所			
老人福祉センター、児童厚生施設等	1)	1)	
巡査派出所、公衆電話所等			
大学、高等専門学校、専修学校等	●	●	
病院	●	●	
床面積の合計が150㎡以内の一定の店舗、飲食店等	●		
〃 500㎡以内	●	●	
上記以外の物品販売業を営む店舗、飲食店	●	●	●
上記以外の事務所等	●	●	●
ボーリング場、スケート場、水泳場等	●	●	●
ホテル、旅館	●	●	●
自動車教習所、床面積の合計が15㎡を超える畜舎	●	●	●
マージャン屋、パチンコ屋、射的場、勝馬投票券発売所等	●	●	●
カラオケボックス等	●	●	●
2階以下かつ床面積の合計が300㎡以下の自動車車庫	●	●	
営業用倉庫、3階以上又は床面積の合計が300㎡を超える自動車車庫（一定規模以下の附属車庫等を除く）	●	●	●
客席の部分の床面積の合計が200㎡未満の劇場、映画館、演芸場、観覧場	●	●	●
〃 200㎡以上 〃	●	●	●
キャバレー、料理店、ナイトクラブ、ダンスホール等	●	●	●
個室付浴場業に係る公衆浴場等	●	●	●
作業場の床面積の合計が50㎡以下の工場で危険性や環境を悪化させるおそれが非常に少ないもの	●	●	●
作業場の床面積の合計が150㎡以下の自動車修理工場	●	●	●
作業場の床面積の合計が150㎡以下の工場で危険性や環境を悪化させるおそれが少ないもの	●	●	●
日刊新聞の印刷所、作業場の床面積の合計が300㎡以下の自動車修理工場	●	●	●
作業場の床面積の合計が150㎡を超える工場又は危険性や環境を悪化させるおそれがやや多いもの	●	●	●
危険性が大きいかまたは著しく環境を悪化させるおそれがある工場	●	●	●
火薬類、石油類、ガス等の危険物の貯蔵、処理の量が非常に少ない施設	●	●	●
〃 少ない施設	●	●	●
〃 やや多い施設	●	●	●
〃 多い施設	●	●	●

表1　建築物の用途地域別の制限　　　　　□ 建てられる用途　　■ 建てられない用途

が、希望する規模が許されるかどうかは、別問題です。

なぜなら、建物が大きくなれば必然的に利用人数が多くなり、人数が増えれば、その建物内での電気・ガス・水道・下水などの使用量が増えるばかりでなく、それを供給するためのおおもとの施設(ガス本管とか、水道本管など)や道路・公園・学校といった公共施設(これらを総称して「都市施設」という)も、数を増やしたり規模を大きくしなければなりません。ですから、提供可

第二種中高層住居専用地域	第一種住居地域	第二種住居地域	準住居地域	近隣商業地域	商業地域	準工業地域	工業地域	工業専用地域
								4)
								4)
2)	3)							
2)	3)							
	3)							
	3)							
	3)							
2)	3)							

1)については、一定規模以下のものに限り建築可能。
2)については、該当用途に供する部分が2階以下かつ1,500㎡以下の場合に限り建築可能。
3)については、該当用途に供する部分が3,000㎡以下の場合に限り建築可能。
4)については、物品販売店舗、飲食店が建築禁止。

能な都市施設に見合った規模に、個々の建築物の規模も抑えなければならないのです。
また、敷地いっぱいの建物や、背の高い建物が増えてくれば、健康的な生活に必要な日照や通風に悪影響が生じる恐れもあります。そこで、わが国では、用途地域の指定と連動して、建物の規模についても許容できる限界を定めることになっています。この「許容される建物規模」を表すものとしては、「建ぺい率」と「容積率」があります。

5　建築面積と延べ床面積、建ぺい率と容積率

「建物によって地面が塞がれる面積」（「建物の1階部分の面積」とみてよい）を「建築面積」（または、建て坪）といい、建物内部の床面積の合計を「延べ床面積」（または、「延べ面積」）といいます（地上3階・地下1階の建物であれば、それら4層分の床面積の合計が、延べ床面積です）。

そして、敷地面積に対する「建築面積の最大許容限度」を「建ぺい率」といい、「延べ床面積の最大許容限度」を「容積率」といいます。例えば、200㎡（平米。平方メートル）の敷地があり、「建ぺい率40％、容積率80％」という指定の場合には、1階の面積は80㎡以下、延べ床面積は160㎡以下としなければなりません。そこで、もし、限度いっぱいにつくりたいのであれば、1階と2階の床面積が80㎡の総2階建てや、1階が60㎡、2階と3階が50㎡の3階建てなどであれば可能、ということになります。

表2　用途地域による形態制限

	用途地域	第1種低層住居専用地域	第2種低層住居専用地域	第1種中高層住居専用地域	第2種中高層住居専用地域	第1種住居地域	第2種住居地域	準住居地域	近隣商業地域	商業地域	準工業地域	工業地域	工業専用地域	都市計画区域内で用途地域の指定のない区域
容積率（％）1)		50,60,80,100,150,200		100,150,200,300		200,300,400			200,300,400	200,300,400,500,600,700,800,900,1000	200,300,400			400(100,200,300)
建ぺい率（％）		30,40,50,60				60			80		60		30,40,50,60	70(50,60)
外壁の後退距離		1, 1.5												
絶対高さ制限		10, 12												
斜線制限	道路斜線 適用距離(m)	20,25,30							20,25,30,35		20,25,30			20,25,30
	勾配	1.25							1.5		1.5			1.5
	隣地斜線 立上がり(m)			20					31					31
	勾配			1.25					2.5					2.5
	北側斜線 立上がり(m)	5		10										
	勾配	1.25												
日影規制	対象建築物	軒高7m以上又は3階以上		10m以上					10m以上				10m以上	
	測定面(m)	1.5		4					4				4	
	規制値(5mラインの時間)	3,4,5				4,5			4,5				4,5	
敷地規模規制の下限値		200㎡以下の数値												

（注）　用途地域の指定のない区域において（　）内は特定行政庁が各都市計画審議会の議を経て指定した区域内に適用される数値

このような、用途地域の指定と連動して建物の規模・高さ・位置などについて一定の制限を課す制度を「形態規制」[表2]といいますが、当面は、「建ぺい率」と「容積率」について理解していれば良いでしょう。

6　部屋の向きによる日当たり状況の差異

さて、話題が変わりますが、ここで部屋の向きと日当たりの関係について考えてみましょう。赤道に近い低緯度地方では1年中暑く、極地に近い高緯度地方は、反対にごく短い夏を除いて終始寒いですね。それに対して、中緯度に位置する日本では「四季がある」（暑い時期もあれば、寒い時期もある）ので、気候の変化に対応する工夫が求められます。従って、日照による屋内気候の調節は、快適な生活を営む上でも健康保持の上からも、とても重要です。

「南向きの部屋は、冬でも暖かい」、そして「北向きの部屋は、寒い」ということは、よく知られています。しかし、「南向きの部屋は、冬は暖かいが、日当たりが良いから、夏は暑い」と思っていませんか？

実は「南向きの部屋は、冬、暖かく、夏、涼しい」のです。そして、「北向きの部屋は、1年中涼しく、冬は寒さが厳しい」ですし、「東向き、西向きの部屋は、夏は暑い。特に、西向きの部屋は、夏は地獄」なのです。どうしてでしょうか？

1年の太陽の動きを簡単にいうと、春・秋分には、朝、真東から昇り、夕べには真西に沈みます。従って、昼が12時間、夜も12時間となります。暑い時期（夏）では、太陽は北の方から昇り始め、東にきた時にはすでに相当に高くなり、正午にはほとんど真上にまで昇り、真西にいってもまだ沈まず、もっと北にいって、ようやく地平線下に沈みます。昼が長く、夜は短い時期です。寒い時期（冬）では、東に回ってきた太陽は、まだ地平線の下にあり、もっと南に回ってきて、ようやく顔を出し、正午でも天空高くには昇らず、真西にたどりつく前に地平線にもぐってしまいます。従って、昼は短く、夜が長くなります。

これで通年直射日光の差し込むことのない「北向き」が寒いのは、よくわかりますね。反対に、「東向き」や「西向き」は、太陽がまだ高みに昇っていない朝夕の時間帯に窓から室内奥まで長時間差し込むから、夏は暑くなる。特に、西向きは、大気の温度が上がった午後に日差しが入ってくるから、暑さが、より厳しくなります。昔から「西向きには、台所をつくるな（食べ物がすぐに腐るから）」といわれてきたのは、そのためです。

それでは「南向き」はどうかというと、冬の時期、太陽は南に回ってきても高度が低いので、部屋の奥にまで差し込みます。「冬、暖かい」わけです。それに対して、夏の太陽は、南に回ってきた時点では頭上高くに昇

るので、地面は照らしても室内には差し込みません。だから「南向きは、夏、涼しい」のです。

7　斜線制限──周辺家屋への日照の確保

さて、こういう理由で、どこの住宅でも建物を敷地北側に寄せて南側に広く庭をとる傾向があります。しかし、その結果、北側の家は南隣りの家の陰にすっぽりと隠れてしまうことになりかねません。「自分だけ具合が良ければよい」とすると、近所には迷惑をかけることになります。

建物には、少なくとも数十年の寿命があります。だから、「良い建物」は、数十年にわたって「良い影響」を周辺に及ぼし、「悪い建物」は、数十年にわたって周囲に迷惑をかけることになります。皆が仲良く暮らしていくためには、自分の建物が「周囲に迷惑をかけない」ように配慮しなければなりません。そこで、日照などについても、周辺への悪影響を減少させる工夫と努力が必要となります。

それを「建物づくりのルール」としたのが、「斜線制限」です[表3、図1]。これは、前面道路や隣地境界、とりわけ日照阻害が厳しくなる北側隣地境界から一定の基準で線を引き、その線を越えて建物をつくってはならないとするものです。その結果、建物上空が開放されるので、周辺の敷地の日照条件が良くなります。

図1　斜線制限により上方がセットバックした集合住宅の例

日照と並んで、健康保持上で重要な要素として「空気」があります。人が呼吸し、炊事などで火力が用いられ、自動車が走り回るなど、地表面に近い空気は汚染されがちです。そのような空気を排除して、新鮮な空気を導入しなければなりません。つまり、通風（換気）を良くしなければなりません。斜線制限で建物上空が開放されることは、通風のためにも好都合です。

自分の欲望を少し抑えることで、周辺の生活環境の著しい悪化を防ぐことができるのです。図1のような、上部がセットバックした建物を見かけることがありますが、これは斜線制限を受けた結果といえます。

8　今の段階で、法令よりも大切なこと

以上、住宅設計と都市にかかわる法令の基本的な事項について述べました。実社会では、法令順守は絶対に必要なことです。しかし、法令の話はやや難しく、表や図となると、なおさら解読困難かもしれません。正直なところ、無味乾燥とすら感じるのではないでしょうか。

それで良いのです。今の段階では、このような制度があることを知っていれば十分、高学年や実社会でその活用ができれば良いのです。建築デザイン（住宅設計）の初期の段階では、「デザイン力を養う」ことこそ、もっ

とも重要です。もし、法令による制約事項ばかりに気がいってしまって、「もっとも良いかたち」を探ることに支障を生じたとしたら残念です。そこで、当面は「のびのびとしたデザイン力を養う」ことに全力を注いでほしいと希望しています。

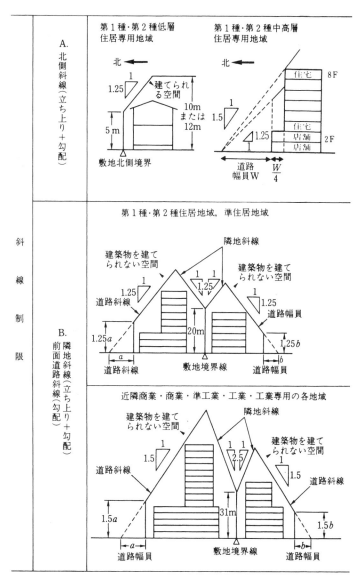

表3　斜線制限（道路斜線、北側斜線、隣地斜線）

4 プログラムを考えよう

KEYWORD
プログラミング
ライフスタイル
シークエンス
プランニング
ゾーニング
ダイヤグラム

1 建築の企画

建築をデザインする時には、まず始めに、どのような空間が必要とされているのかを明らかにして、デザイン全体を規定するコンセプトを立てる必要があります。こうしたことを考える段階を「企画」と呼びます。

企画は「プログラミング」と「プランニング」の二つの作業に分けられます[図1]。プログラミングとは、デザインに必要な情報を収集し、技術・社会・経済・法制面から検討・分析して、建物に必要な機能をプログラム(設計条件)としてまとめ上げることです。

これに対してプランニングとは、まとめられたプログラムをもとに基本的な空間構成を計画し、技術面から具体的に検討していく作業です。プランニングは主に、建築・構造・設備の三点から検討がなされます。特に建築計画ではダイヤグラム(機能構成図)や動線計画図などを使って、各機能の最適な配置とおのおのの関係性を考えていきます。

2 プログラミングとは

プログラミング(programming)とは簡単にいうと、これからつくる建築で実現したい目的や意図を確認し、目標を立てることです。住宅の課題ならば、誰のために、どんな空間が必要なのかを示すことが大切です。住むのは若い夫婦か、子どもは何人いるのか、親世帯と子世帯が同居するのか、彼らの職業、趣味、ライフスタイルは……、生活に関するさまざまな点を十分検討し、理想とする住空間の姿を明確にしていきます。

住宅の設計課題に必要なプログラムとしては、例として表1のようなもの

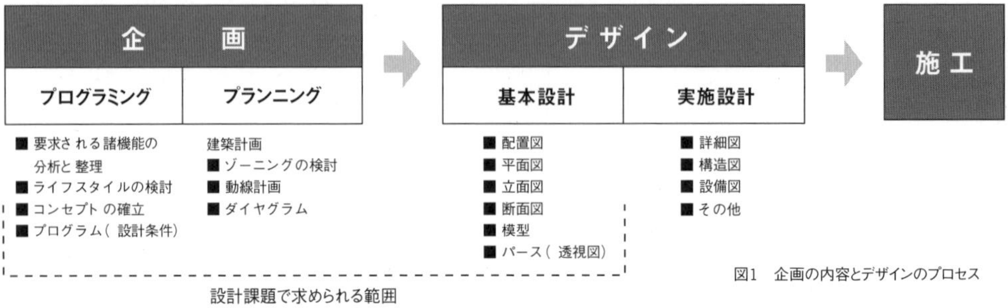

企画		デザイン		施工
プログラミング	プランニング	基本設計	実施設計	
■ 要求される諸機能の分析と整理 ■ ライフスタイルの検討 ■ コンセプトの確立 ■ プログラム(設計条件)	建築計画 ■ ゾーニングの検討 ■ 動線計画 ■ ダイヤグラム	■ 配置図 ■ 平面図 ■ 立面図 ■ 断面図 ■ 模型 ■ パース(透視図)	■ 詳細図 ■ 構造図 ■ 設備図 ■ その他	

設計課題で求められる範囲

図1 企画の内容とデザインのプロセス

が挙げられるでしょう。建築のプログラムには所要室[註1]の種類や数、所要面積や機能の他、敷地調査から得られた情報、構造・構法の検討などが含まれます。階別の面積配分をまとめると同時に、建物の構造や大まかな空間構成も考えておきましょう。また建物の規模やかたちに大きく影響する法的規制[註2]の検討は、プログラミングの重要なポイントです。さらに将来の機能変更や増改築への対応、環境への配慮といった点も大切です[註3]。

課題ではこうした点の多くはすでに指定されていますが、それをそのまま設計しても、評価は高くならないでしょう。指示された以外のことを自分なりに考え、設定していくことが大事です。課題では皆さんそれぞれが積極的にオリジナルのプログラムを考え、それに基づいた豊かな住空間を提案することが求められているのです[註4]。

3　ライフスタイルをイメージする

住宅のプログラミングには、そこに住まう家族の日常風景=ライフスタイルの把握が欠かせません。あなたがこれからデザインする住宅の中で、毎日どのような生活が行われるのか、思い描いてみましょう。日中、家族の皆は家の中で何をしているのか、夕食はどんなごはんを、家のどこで、どんな格好で食べているのか、休日はのんびり何をして過ごしているのか…などなど。

イメージがふくらんでくれば、彼らの生活の舞台である住宅の姿もだんだんと見えてくるはずです。若い夫婦が自宅で仕事するならば、快適な書斎や仕事場が必要でしょう。子だくさんの家族なら、人数分の個室よりも、皆が協力して勉強や遊びができる大きい机のあるコーナーがあるといいかもしれません。親世帯と子世帯が共に住まう二世帯住宅なら、バリアフリーをふまえて親世帯の年齢とライフスタイルを第一に考慮します。プログラミングの第一歩は、生活していく上で何が起こるのか、各場面を正確に把握し、それに必要な背景や設備を明らかにすることなのです。

ライフスタイルの詳細な検討から、建築全体を貫くデザインのコンセプト、理想とする生活を実現するための基本的概念もおのずと見えてくることでしょう。自宅に仕事場のある家、料理好きな夫婦のためのキッチンを中心にしたプラン、趣味の映画を楽しむ大スクリーンのある家など…。生活の中でもっとも中心となる事柄のために、ふさわしい場所をつくるための方針を見つけましょう。それが、住まいのコンセプトの一つになるのです。

1　所要室　ある建築を構成するために必要な部屋のこと。建物の種類や規模、計画内容によって、必要とされる所要室の種類と数が異なります。

2　設計課題では多くの場合、法律をしっかり守ることよりも、理想的な住空間の提案が優先されます。しかし法規にのっとって建物のボリュームを正しく把握することは、課題においても大切なポイントです。

3　設計課題には普通含まれませんが、実際の設計業務では、予算はプログラム全体を決定するうえで、もっとも重要な要素です。全体の大まかなイメージが見えてきた後、予算に従って建築の規模や機能、グレードが決定され、法律や環境による調整や事業面の検討を経て、デザインの内容を規定するプログラムとしてまとめられます。

4　実際の設計業務では仕事を依頼する建築主(施主)がおり、建築家は彼らのために住空間をデザインします。施主と建築家の話し合いの中で、さまざまな希望や要求が検討され、予算や敷地の条件に応じて、実現すべき機能と内容が決められます。一方で設計演習では、授業を受ける皆さん自身が、実際には存在しない家族のライフスタイルを想像し、それに最適な背景を考えなくてはなりません。

4　シークエンスを考える

生活の一場面(シーン)をスケッチしてみるのも、とても効果的です。自分は絵が苦手だなと思っている人こそ、どんどんスケッチを描いてみましょう。スケッチとはイメージのメモ書きであり、頭の中にひらめいた映像を書き留める作業です。上手に描く必要は全くないのです。

例えば、庭を通り抜けて玄関の扉を開け、居間にたどり着くまでの場面(シーン)をスケッチしてみます[図2]。スケッチには、居間にたどり着くまでに見聞きしたもの、体験した空間が時間の経過とともに示されるでしょう。このような連続したシーンのまとまりを「シークエンス」といいます。建物を使うということは、いくつもの空間体験＝シークエンスが重なり合うことです。朝起きてから歯を磨いて朝食を食べる、帰宅して着替えて宿題をやる、庭の掃除をしてからお昼の支度をする……、そのためには、どの部屋で何をするか、どんな家具や設備があって、どのくらいの面積が必要で、どのような照明がされているのか……。複数のシークエンスの検討からは、生き生きとした住空間が見えてきます。シークエンスの検討は、建築のプログラミングにとても役立ちます。

一般的な住宅の所要室として、居間や食堂、寝室や和室、客間や子ども用の個室などが挙げられます。各室の目安となる面積も、数多くの事

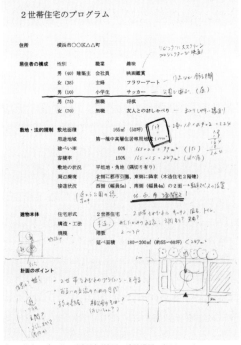 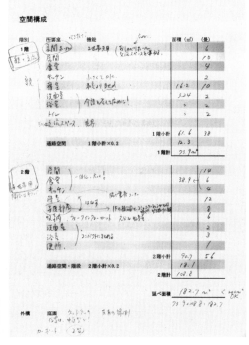

表1　住宅のプログラム(設計条件)例—設計課題で考えたいこと

5 美術館やオフィスビルのような大規模な施設の場合、すでにある同種の事例や関係資料を調べることで、必要な所要室の種類や個数を挙げることができます。また施設の利用者一人、もしくは集団あたりの利用面積、所要寸法、什器の所要個数を基準として、おおよその延床面積を求めることができます。

例を参考に求めることができます[註5]。しかし、皆さんがデザインする住宅に何が本当に必要なのかを見極めるためには、そこに住まう人達のライフスタイルやシークエンスの入念な検討が欠かせません。

映画やCMをつくる時にも、ストーリーボードと呼ばれる一連のスケッチを作成してシークエンスを検討し、各場面に必要な美術背景などを考えます。建築家ル・コルビュジエは、自分の計画した住宅を施主に説明する時、これと全く同じ方法を使いました。「建築的散策」と名付けられた一連のスケッチは、まるで住宅の中を建築家に案内されながら一緒に巡っているかのようです[図3]。

5 プランニングと平面タイプ

プログラムをもとに、建築の空間構成を具体的に検討していく段階を「プランニング」planningといいます。

建築の平面図は「プラン」planと呼ばれます。平面図とは、床面から1m程度のところを水平に切断し、上から見下ろしている断面図のことです。建物を垂直方向に切断した、いわゆる断面図や、外観を表す立面図と異なり、平面図には各部屋のかたちや面積、おのおののつながりや関係性がすべて示されています。英語のplanという言葉には「計画」と

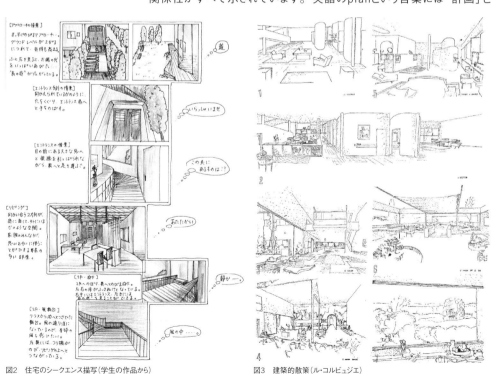

図2　住宅のシークエンス描写（学生の作品から）　　　　図3　建築的散策（ル・コルビュジエ）

いう意味があるように、この図は建築の性格と空間構成を、もっとも具体的に表す図面なのです。平面図の決定までには、数多くの分析と検証が必要とされます。

建築はたくさんの部屋の集合体ともいえますが、その最小単位は「単位空間」と呼ばれます。単位空間にはプログラムに応じた機能が与えられて、建築を構成する部屋となります。

単位空間の配列でできる平面のタイプには、住宅の場合では以下のようなものがあります[図4]。

複数の単位空間を並べる時、それをつなぐ通路が生まれます。通路を使うタイプとして、片側一方に通路を置く「片廊下型」と、通路を挟んで両側に単位空間を並べる「中廊下型」の2種類があります。これらのタイプは伝統的な和風建築で使われます[註6]。

通路をつくらずにホール(広間)を設けて、そこから各単位空間に入る「ホール型」は、欧米の住宅に多く見られるタイプです。中には通路とホールの両方を備える「併用型」もあります。「コア型」は、風呂やトイレ、台所といった水まわり[註7]や階段などを1箇所に集中させて(コア=核)、その周囲に居室を配置するタイプです[註8]。

さらにロの字型やコの字型に建物を配し、中央部にオープンスペースをとる「中庭型」(コートハウス)があります[註9]。中庭型は世界各地に見られる都市型の住宅タイプです。

住宅の平面タイプには、この他にも数多くのバリエーションが存在します。プランを考える時には、プログラム、敷地の形状や面積、地形に合わせて最適なタイプを選択することが大切です。この時、次に述べるゾーニングによって適切な機能をあてはめ、単位空間をつなぐ動線を上手に処理することが、計画上の重要なポイントになります。

6 ゾーニングを考える

共通する機能や性格を持った所要室や空間は、一つのまとまりとして見なすことができます。このまとまりは「ゾーン」(領域)や部門、グループなどと呼ばれます。建物全体の機能や空間構成を考える時、最初から個々の単位空間の配置を考えるよりも、単位空間がいくつか集まったゾーン単位で考えると、話はずっとシンプルでわかりやすくなります。建物全体を複数のゾーンの組み合わせと見なして、その最適な構成を考えることを「ゾーニング」zoningといいます。ゾーニングによって建物全体の機能や構成が整理され、達成すべき目的も明らかになります。建築や都市のデザインにおいて、ゾーニングの考え方は欠かせません。

始めは建物の全体像を把握するために、全体をいくつかの基本的なゾー

6　農家や町屋などの庶民の住宅にはもともと、廊下はありませんでした。大正時代から発展した中廊下型の住宅は、武家屋敷から受け継いだ平面形式といわれます。

7　水まわり　建物の中で水を使う設備を有する単位空間のこと。トイレ・風呂などのサニタリー(衛生関係)と台所などを併せて、このように呼びます。

8　コアの周囲には、一体感のある開放的な部屋をつくることができます。コアの位置は建物の中心(センターコア型)や端部(偏心コア型)などがあります。

9　中庭を囲んで採光と通風、プライバシーを確保するこのタイプは、閉鎖的な外観になりがちです。街並みへの配慮を考えたいものです。

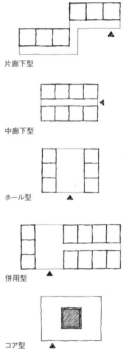

片廊下型

中廊下型

ホール型

併用型

コア型

中庭型

図4　単位空間の配列による住宅の平面タイプ例

図5　住宅の基本的なゾーニング　　　　　　図6　ゾーンの重なりを活用する

10　アプローチ　道路や敷地入口、門から玄関に至る道筋のこと。

11　家族空間の代表である居間は、家族のくつろぎやコミュニケーションの中心となる部屋です。このため、南や南東に面して採光・通風に優れた、もっとも環境の良い空間が求められます。食堂や台所と連続させて面積を広げ、視覚的・動線的にも広がりのある計画をしましょう

12　夫婦の寝室は、個人空間の中でもっとも高いプライバシーが要求される部屋です。他の個室との隣接が避けられない場合、間に収納や通路などを挟みます。

13　台所を始めとする作業空間は、火や刃物を扱い、ガスや煙が発生する、住宅の中でもっとも危険な空間といえます。安全な作業空間をつくるためには、無駄な作業動作や無理な姿勢をとらないように、合理的な動線処理が特に大切です。

14　プライバシーを重視して個人空間を細かく分けると、通路は不必要に大きくなりがちです。通路空間の面積は住宅全体の2割以下に抑えましょう。収納やギャラリーといった他の機能と重ね合わせると効果的です。

ンに分けて検討するのが良いでしょう。住宅の場合は、以下の三つの基本ゾーンに分けることができます[図5]。

居間や食堂など、家族みんなが一緒に使い、話をしたり、くつろいだりする部屋でできたゾーンは「家族空間」family spaceと呼ぶことができます。ここには家族全員が一緒に使う単位空間である、玄関や庭、アプローチ[注10]も含まれます。家族空間は住宅の顔であり、来客時にはもてなしのゾーンにもなります[注11]。

これに対して個人のプライベートな活動の場は「個人空間」private spaceと呼ぶことができます。ここには夫婦の寝室や個室が含まれますが、住宅全体の中でもプライバシーを確保できるような、奥まった位置に置かれます[注12]。

「作業空間」working spaceは、台所やユーティリティ(家事室)、書斎やSOHOといった、さまざまな作業を行うための空間です[注13]。これら三つのゾーンが、住宅を形づくる基本的な構成となります。

上記三ゾーンに加えて、風呂やトイレ、洗面室といった「衛生空間」、廊下や階段などの「通路空間」[注14]が組み合わさって、一軒の住宅が成立します。

ゾーニングは、各ゾーンをきれいに分離するだけが仕事ではありません。限りある面積の中で豊かな生活の場を提供するために、ゾーン同士を重ね合わせることも大切です[図6]。単位空間に複数の機能を与えることは、空間の有効利用と活性化につながります。住まい手のライフスタイルに合わせて、どのゾーンを主とするのか、どのゾーンをつないだり重ねたりすれば良いのかなど、ゾーン相互の連携を考えることが重要です[図7]。

7　動線を考える

建築の内外では人やモノが活発に動き回り、日々の生活が営まれています。人やモノが移動する際の軌跡は「動線」と呼ばれます。この動線の内容や性格、量を的確に把握し、ゾーンや所要室間のつながりを検

討することを「動線計画」と呼びます。

動線には人、モノ、エネルギーの三種類があります。動線はわかりやすく、できる限り単純にするのが原則です。また異なる種類の動線は明確に分離して、互いに交差させないことが大切です[註15]。

住宅の場合、人の動線としてはパブリックな動線[註16]とプライベートな動線[註17]が挙げられます。これら二つを区別し、交差しないようにしましょう。次に、家族の構成メンバーそれぞれの動線を想定します。ライフスタイルや生活時間帯によって、家族みんなで異なった動線があるはずです。お互いのプライバシーを保つためにも、各動線の把握と適切な分離が必要です。

モノの動線(物品や食材)、エネルギーの動線(電気・水道・ガス・通風など)は、特に単純明快で合理的な配置が求められます。不必要に長細く、わかりにくい動線は無駄な損失を生み、詰まりや破損の原因にもなります。居住性と安全の確保のためにも、明快な動線が不可欠です。

動線は、その種類ごとに動線計画を考えることによって[図8]、動線でつながるゾーンや各所要室の位置関係を明らかにすることができます[註18]。こうした検討によって、動線の短縮と効果的な配置が可能になります。動線計画の検討は、効率の良い合理的な空間構成と建物の性能向上に不可欠な作業です。

8　ダイヤグラムを描く

プログラミングおよびゾーニングと動線計画で検討された内容は、ダイヤグラム(機能構成図)と呼ばれる模式図で表現することができます。この図表は、所要室や建物内外の主な空間を、通路空間を示す線によってつないだ建築空間のモデルです。

具体的な空間のかたちや規模・面積を含まず、ゾーンや機能といった抽象的な概念を図式化したダイヤグラムは、プログラムと設計図面との中間に位置します。平面図に比べると具体性に欠けますが、ダイヤグラムは動線計画図と一緒に、建物の機能構成を全体的に検討するのに非常に有効な道具です[註19]。

15　人と車、施設の利用者と管理者など、異なる動線の分離は、安全や運営面からも必要不可欠です。

16　パブリックな動線　アプローチから始まり、玄関から居間へ至る、家族全員が使う動線のこと。来客時に、お客がもてなされる時の動線も含まれます。

17　プライベートな動線　寝室や個室からトイレ・浴室へ至る、個人的な活動のこと。プライバシー確保のためには、個室を通り抜ける動線は避けましょう。

18　動線計画図では、線の長さは動線の距離を、太さは交通量を、向きは動線の方向を示し、さらに色や種類は動線の性格を示します。

19　動線計画図が動線の内容や性格に従って、各単位空間のつながりを表すのに対し、ダイヤグラムはより全体的な視点から空間構成を見るのに適しています。

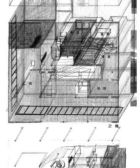

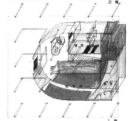

図7　学生によるサヴォア邸のゾーニング分析

人の動線	○	パブリックな動線	アプローチ………玄関……居間……庭園
			┆……客間
	○	プライベートな動線	寝室／個室……WC
			┆………洗面所……風呂
モノの動線	○	例:食材	サービス通路……勝手口……台所……食堂
エネルギーの動線	○	例:水	上水道…(量水器)…水まわり(台所・風呂・WC)…(公設桝)…下水道

図8　種類ごとに動線計画を考える

例として、住宅を描いた図9を読み解いてみましょう。この図からは、アプローチから始まるパブリックな動線が家族空間に入り、そこからプライベートな動線が個人空間、作業空間へと通路空間によって分配される様子が読みとれます。さらに家族空間内では、居間や食堂、テーブルやテラスの組み合わせが、ライフスタイルに応じた住空間を構成しているのがわかるでしょう。建物全体から各ゾーン別へ、ライフスタイルやシークエンスを想定しながら大小さまざまなダイヤグラムを描いて検討を重ねることにより、建築空間として実現すべき内容を整理し、内容を豊かにすることができるのです。

▶ コラム「ブロックプランでエスキスしよう」(p.93) 参照

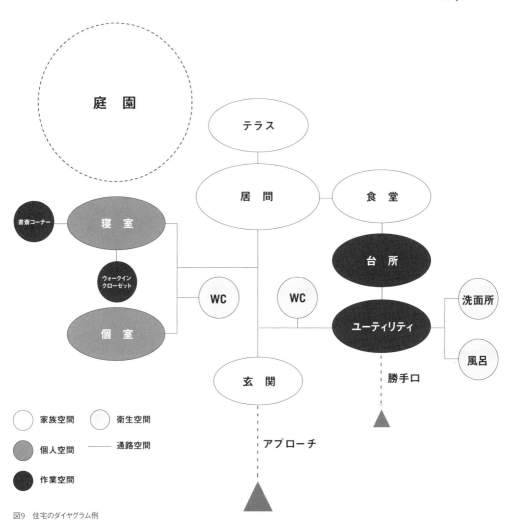

図9　住宅のダイヤグラム例

ずっと住み続けられる住まいについて考えよう

KEYWORD
バリアフリー
ユニバーサルデザイン
加齢
手すり
QOL
ADL

私たちは、少子・高齢社会の只中で住まいの環境を考えて行くという立場にあります。例えば「高齢」をキーワードにして見回せば、年をとっても住みやすいバリアフリーの住まい、あるいは色々なことを電気仕掛けでやってくれる電脳住宅、あるいは住み方のバリエーションとして登場した二世帯住宅等々、これからの時代を見越して生み出された数々のかたちがあります。どれもとても大切な視点ですが、ここでは、「住み続ける」ためのバリア克服について計画的視座から考えることを学びましょう。

1　「住み続ける」ということについて考える

自分自身が年老いたとき、どこでどんなふうに暮らすのか想像するのはなかなか難しいことです。例えば、こんなふうに想像してみましょう。今から50年後もあなたは今暮らしている住まいで日常生活をおくることができるかどうか。修繕が必要になったところのメンテナンスが随時行われ、今のままの状態が維持されているとして、住み続けることの可能性について考えてみてください。これは、裏返せば、年をとるということはどういうことなのかを考える作業でもあります。

問：年齢を重ねることの変化を①身体的側面②社会的側面で調べてみよう。

2　あなたの住まいの「バリア」をリストアップする

高齢になるとどうしても体力的に衰える部分が出てきます。身体機能の衰えを補うために手すりをつけたり、床の段差をなくしたりといった工夫が必要になる場合があります。あとからこうした工夫をする必要がなる

資料1　住生活基本法(第3条)

住生活基本法(現在及び将来における国民の住生活の基盤となる良質な住宅の供給等)第3条
住生活の安定の確保及び向上の促進に関する施策の推進は我が国における近年の急速な少子高齢化の進展、生活様式の多様化そのほかの社会経済情勢の変化に的確に対応しつつ、住宅の需要及び供給に関する長期見通しに即し、かつ、居住者の負担能力を考慮して、現在及び将来における国民の住生活の基盤となる良質な住宅の供給、建設、改良又は管理(以下「需給等」という。)が図られることを旨として、行わなければならない。

べく少ないように、あるいは工夫がしやすいように「バリアフリー」な住宅デザインがすすめられてきました。これは、住まいの質の向上を図る国の方針として法律や制度にも反映されています。その根幹である住生活基本法には、『現在及び将来における国民の住生活の基盤となる良質な住宅の供給等』に関する条文があります。この中の『良質な住宅』という言葉には、バリアフリー化の意味も込められているのです[資料1]。一般的には住宅の基本的バリアフリー化とは、①手すりの設置、②段差の解消、③広い廊下の確保といった点で確認されています。加えて、社会的な生物である人間にとって「外部とのつながり」を保つことも忘れられない一点です。家の中だけで完結「しなくてはならない」生活をあなたは考えることができますか？体調による問題があってもなくても、たとえ外出できるような身体状況でなくても、外出が可能な物理的環境が用意されていることは大切なのです。

問：あなたの家は、「80歳で車いす利用のあなた」が暮らすことが果たして可能だろうか。手はじめにバリアフリー化の3つの視点から考えてみよう。

3 「使える！」デザインにするために

「バリア」は個人の状況によって様々です。『片麻痺』と呼ばれる症状でも、右側の機能が衰える場合も、左側の場合もあります。また、その程度もさまざまです。したがって、必要とされる手すりは、状態によって異なるのです。別の言い方をすれば、環境は誰にでも一様の意味を持つものではないということなのです。住まいの環境のことではありませんが、人によってバリアが違うことを説明するのに点字ブロックがあります。点字ブロックは、目の不自由な人にとっては移動のためのガイドとして有効ですが、車いすの人にとっては乗り越え困難なバリアになるのです。人々の多様なあり方を配慮し、それぞれの人に「都合の良い」ルートのデザインなども含めて環境を俯瞰的にデザインする姿勢が求められています。

ところで、車いす利用時のバリアとなりやすいものにドアの開閉動作があります。車いすの初心者、例えば、大学生が車いす利用体験をすると、ドアを手前に引いて開くという動作が難しかったという感想が多く聞かれます。商業施設などのデザインされた重いガラスのドアの場合、動作はもっと困難になります。

さまざまな利用者が「使える」デザインを考えるのは実に難しいテーマです。利用者の状態と使い勝手についての情報を把握することはもちろん大切です。加えてデザインの視野を広げることも有効です。それは

図1 適当な場所：人のアフォーダンス、犬のアフォーダンス

・人のアフォーダンス：犬の飼い主(人)は、リードをつないでおくのに適当なかたちの手すりを発見して利用した。結果、1頭の犬が係留されている。
・犬のアフォーダンス：一方、パートナーの犬は、腹這いになることが可能な、囲われた小さなスペースにはまって落ちつける「くつろぎのアフォーダンス」環境を発見し、余裕の表情で主の戻るのを待つ。
・環境のアフォーダンスとは、環境が動物に提供する(offers)もの、良いものであれ悪いものであれ、用意したり備えたりする(provide and furnish)ものである。(J.J.Gibson,1979、古崎敬他訳、1985)

たとえばデザインをするときの想像力です。ファンタジーの想像力ではなく、色々な環境の、その「かたち」は、「ある状態」の人にとってどのように関わる「可能性」を持つのかということを想像する力です。「かたち」が持つ意味には、大きさや表面のテクスチュア(色や材質などによるもの)、他のかたちとの関係(レイアウト)などが関連しています。この説明はギブソンによって示された動物と環境の関わりを説明する「アフォーダンス」という概念によるものです。アフォーダンスに関する説明の中でギブソンは、人(動物)は環境との関わりの中で使い方(意味)を見つけ出すと説明しています[文1]。色々な状況の人々が「関わりが持てる」と思える環境をデザインすることは、バリアという言葉に縁遠い世界を作ることの第一歩かもしれません。

一方、ロートンという老年学者は、生活する人の快適さや生活の充実度はあまりにも楽な空間では生まれないといった意味の言及をしたそうです[文2]。環境の中に「使えるぞ」「入れるぞ」「開けられるぞ」といった、アクセスの可能性を利用者自身が見つけ出して使いこなすことができるデザインであることは、やはり大切なことのようです。

問：一通りでない使い勝手がある環境デザインを探してみよう。

4　バリア克服の技術

前節でお話したように、多様な可能性を入れ込むような環境デザインによるバリア克服のアプローチができるようになることは大変望ましいことです。そのためには、直接的なバリア克服のための技術や知識を身につけておくことが必要です。

住まいのバリア克服の代表的な技術は、先に説明したように、手すりの設置や段差の解消がまずあげられます。ここでは「手すり」を中心に見ていくことにします。

最近、駅などの公共機関で見かけるようになった波型の手すりなど、使

い勝手や安全性を考慮してさまざまな手すりが開発されています。公共施設を利用するときなど、注意してこれらの手すりに目を向けて下さい。できるなら、実際に使っている人の様子をそっと観察させてもらいましょう。どんなふうに利用されているのか、なぜその手すりが必要なのかを理解する格好の機会です。

問：どのような手すりを見たことがありますか？「手すり採集」をしてみよう。

5　さまざまな手すり

バリア解決の手すりにはどのようなものがあるのでしょうか。図2は、手すりの用途について類型化されたものです（布田(2014)[文2]による）。これによれば、手すりは、大きく墜落防止手すりと補助手すりとに分類されています。歩行などの移動をサポートしたり、身体動作をサポートしてバリア

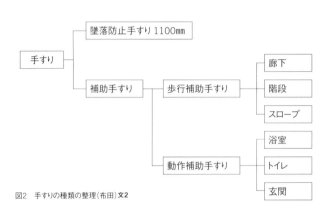

図2　手すりの種類の整理（布田）[文2]

図3　歩行補助の手すりの高さを検証する実験風景（国土交通省建築研究所／提供：布田健）

図4　トイレの動作手すり。手前に縦手すり、奥の壁には水平の手すりが取り付けられている（イギリスの障がいのある子供の学校内施設）

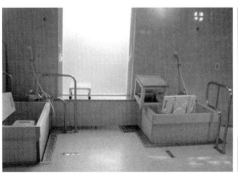

図5　立ち上がり補助の手すり。老人ホームの浴室で用いられていたもの。尚、このように個別で入浴するスタイルを「個浴」という

図6　玄関の上がり框の手すり。グループホームの玄関にあったもの。竹をそのまま利用して、インテリアとしても美しく、また、人のサイズを選ばないかたち。節も有効利用されていた

の克服をするのが補助手すりです。階段の手すりや廊下の手すりなど、歩行を主とした移動の補助のための手すりは移動面に沿って設置されています。手すりにはこのように水平、連続的に設置されるものの他、縦方向に取り付けられているものがあります。これらは縦手すりとも呼ばれています。動作補助の手すりは、補助動作のタイプや設置場所、そして利用者の状態によって手すりの形態や取り付け位置が異なることに注意が必要です(例えば、歩行補助手すりの標準的な高さは75cmから85cmとされていますが、住まいの設計場面では主として利用する人が最も安全に、便利に使える高さを見つけ出し、設置の高さを決めています)。

動作の補助(寄りかかったり、力をかけたり、体を支えたりして目的の動作がしやすい体勢をつくる)をすることに配慮してデザインされた手すりは、何よりも実際に使われている環境として見ることが一番参考になります。手すりは、長さ、握りの太さ、材質、色の選択(分かりやすいことも大切)などについて十分検討した上で設置することが大切です。

問:住まいの中の手すりは、どのように使われるのだろうか。利用時の姿勢について調べてみよう。

6　ユニバーサルデザインの考え方

バリアフリーという用語と共にユニバーサルデザインという用語があります。この二つの用語の意味について確認しておきましょう。ユニバーサルデザインは、7つの原則(原則1:利用における公平性、原則2:利用の柔軟性、原則3:シンプルかつ直感的な使い勝手、原則4:わかりやすい情報提供、原則5:ミスに対する許容性、原則6:身体的労力を要しないこと、原則7:適切な使用のためのサイズと空間)と「ガイドライン」によって、その概念が「包括的な形式で明確化」[注3]されたものです。ユニバーサルデザインは、誰もが利用可能であることを目指す概

図7　ユニバーサルデザイン? 道路から住宅入口への高さを解消する階段、登りの動作補助の手すり、自転車等にはスロープが整えられている。このスロープ、車いすの自力走行にはかなりの腕力が必要だろう。いくつかの方法によるアクセスを可能にするという点では合格?

図8　水飲み台のデザイン。流し下を開けて車いすでも近づける。また、2種類の高さでの利用が選択できる(羽田空港国際線ターミナル施設)

図9　手洗い場の動作補助手すり。全ての流しにある必要はなく、必要なとき、その場所を選択できる用意がある(羽田空港国際線ターミナル施設)

念です。海外では、バリアフリーという用語に対して「障がい」克服という認識が強く、障がいのあるなしによる差別化につながるというイメージがあるようです。このため、この言葉よりもアクセスフリーという用語が用いられる場合が多いといわれています[※4]。「高齢」も含めて、何かの差しさわりによって人を差別化すること自体に疑問を持つという考え方なのです。何らかの身体的不都合などが原因で、ある環境の利用が困難になる(アクセスできない)ことを「避けることができる」環境のあり方を考えるという発想とも言えるでしょう。結果として認められる環境は同じでも、根源に大きな違いがあるのです。

問：あなたの大学の講義室や製図室などを「ユニバーサルデザインの7原則」に当てはめて「評価」してみよう。

7 将来を考えながら計画すること

手すりの他にも、スロープなどバリアを克服するためのさまざまな技術があります。これらの技術は身体の状態に環境がフィットしないことに対する対症療法的技術と捉えることができます。これに加えて、利用上バリアが生じても住み続けることのできる住まいを計画すること、つまり予防的、あるいは時間的な視座に立った手立てともいえる計画面からのアプローチも設計者として是非とも取り入れるべき姿勢です。

例えば、手すりを設置しようという場合、個人の住まいの場合には個々人の機能に合わせてオーダーメイドしていくことになりますが、手すりが必要な状況になって初めてオーダーするのではなく、予めある程度の可能性を建物に持たせておくという方法もあります。たとえば、将来手すりを取り付ける可能性のある場所の壁の下地を「手すりを取り付けられるだけの力がある」ように準備しておくこともそのひとつです。「取り付ける可能性のある場所」を決めるには、将来にわたっての住まい方について時間軸を持った計画が必要です。

高齢になっても自分の家で住み続けるための「バリアフリー」な環境を整える上で、「広さ」は多くのことを可能とする環境要素です。広い廊下は手すりを取り付けた後の有効幅を確保し、また、車いすや歩行器などの利用をしやすくもします。ある程度の広さのリビングならば、ベッドも置いて療養リビングなどに転換できるかもしれません。計画の時点で、①手すりの設置や車いすや歩行器の利用を考えたモジュール、②療養空間に転換可能な空間を考えておくこと、つまり、トイレ、浴室等、最も基本的な生活面での自立に必要な場所を巡る動線の確認などをしておくこと等は、住み続けることのできる住まいになる可能性を一段階あげることにも

つながります。住まい手が年齢を重ねて行く中で、状況に応じて住まい方を上手に転換して、より充実した生活が送れるような計画は、家で老い、長く慣れ親しんだ地域の中で、より長い時間暮らし続けることを可能にするのです。高齢期における居住場所の移動は時として、健康に問題をもたらす原因となる大きなストレスとなる場合もあり、その点からも長く住み続けられる住まいとするための配慮はメリットといえます。

住まいを時間軸の上で捉え、計画をするということは建物の質や性能を向上させ、価値のある住まいの増加にもつながるという社会的な意味を持ちます。

問：あなたの部屋は、もしもあなたの身体機能に変化が生じた場合、生活が可能だろうか。体の右側が使えない場合、左側が使えない場合について、①居室から外出、②トイレ、入浴をする場合の動線や動作の可能性についてシュミレーションしてみよう。

8 介護者にとってのバリアも考える

ここまでの説明では、身体的体力的に不都合が生じている人（＝療養者）のためのバリア克服の技術、空間の計画に主眼を置いてきました。しかし、その空間にはもう一人の立役者である介護者がいることを忘れてはいけません。介護をしやすいこと、もしも介護者が同居家族であるならば、その人が自分だけの時間と空間を持つことができるように環境を整えることもまた重要なのです。

仕事をする人としての介護者の権利をしっかり見据えている話題を紹介しましょう。スウェーデンの高齢者施設（「特別な住宅」）では、浴室やベッド周りの広さやゆとりに見られる十分な空間量があります。これは実は、労働環境法によって決められたものです。つまり、この場合の広さの意味は介護側の労働環境を守るための規定に基づくもので、介護者の安全を保つための空間量です[※3]。

9 生活を充実させる

Quality of life（＝生活の質）という言葉があります。最初の文字を取ってQOLと表現されています。もともと、病気の人の痛みのコントロールなど医療の世界の概念でしたが、もう少し概念の枠組みを広げた解釈がなされるようになり、「良く生きる」ことの価値を強調する概念とでも説明できるようなものです。ただ生物として生きるのではなく、人間として充実した日常を送ることの意味を重く捉えるということなのです。生活環境をデザインすることはQOLの維持向上と密接な関係を持つことです。「そ

の人」にとっての物理的な環境バリアを色々な手段でクリアする工夫は、QOLの維持向上につなげるための最も単純平明な技術といえます。デザイナーとして、バリアのクリアによって生活上の何がどのように可能となるのかをしっかり把握できることが重要です。Ability of Daily Living（ADL）という言葉の理解はこれに役立つかもしれません。ADLとは、日常生活動作というもので、その「動作」能力がどの程度であるかを示す指標が何種類もあります。例えば、カッツスケール[※5]というものがあります。これは、食事、排泄コントロール、移動、トイレの使用、入浴に関して、自立か一部介助が必要か、完全に介助が必要か、によってADLの程度を示すものです。指標とされた項目は自立した生活の前提的、基礎的な項目と見ることもできます。つまり、これらの項目を達成するための行為動作を自ら行うことのできるレンジをいかに広げるかということに対する支援が「バリア克服」の基本といえるでしょう。

住まいの中のバリアの克服は、教科書的な技術を当てはめて完成するものではありません。そのデザインによって具現される生活像を描き、吟味することを常に「時間軸」を意識しながら行う必要があるのです。

参考文献
文1──J.J.ギブソン　古崎敬、古崎愛子、辻敬一郎、村瀬旻共訳、生態学的視覚論、サイエンス社、1985
文2──布田健、自分にあった手すりの高さを調べてみよう、日本建築学会編、生活空間の体験ワークブック──テーマ別 建築人間工学からの環境デザイン、2010
文3──Wolfgang F.E. Preise他編、ユニバーサルデザインハンドブック、2003
文4──奥村芳孝、スウェーデンの高齢者住宅とケア政策、海外社会保障研究、2008
文5──Sidney Katz, MD; Amasa B. Ford, MD; Roland W. Moskowitz, MD; Beverly A. Jackson, BS; Marjorie W. Jaffe, MA. JAMA. 1963;185(12):914-919. doi:10.1001/jama.1963.03060120024016.

平面でエスキスしよう

KEYWORD
アクティビティ
場
中間領域
広がり

1 平面とは

敷地を読みプログラムを考えたら、次はエスキスの段階です。まず、平面のスケッチを描いてみることから始めましょう。平面を考えることを平面計画といいます。一般的に、平面図には断面図(section)や立面図(elevation)などに比して、建物全体の情報がより多く、また具体的に表現されています。平面の中に人々のアクティビティ[註1]が生き生きと再現されているからです。すでに4章で述べた通り、平面計画を英語ではプランニングといいますが、この語の意味は日本語と比べてもっと総合的で、むしろ建築計画と訳されます。つまり、平面を考えることは、建築全体を考えることとなるのです。それで建築家の構想はこの平面の中に一番的確に表現されることとなります。

ル・コルビュジエは『建築をめざして』の中で「建築家各位への覚書」として「立体(ボリューム)、面、平面」の三つを挙げていますが、ネオ・プラトニストであるル・コルビュジエが幾何学と強く結び付く抽象的な「立体、面」とともに、この具体的な「平面」を重要視していることは示唆的と思われます。ル・コルビュジエは「平面」を次のように感動的に表現しています。

「平面は原動力である。…平面は基礎である。平面なしには、意図や表現の偉大さもなく、律動も立体も脈略もない。平面なしには、人間にとってあの耐え切れない感じの、あのくずれた、貧しい、乱雑な、いい加減さがある。平面はもっとも活発な想像力を必要とする。それはまたもっとも厳正な規律を必要とする。平面は全体の決意である。それは決定的瞬間である。」(ル・コルビュジエ著、吉阪隆正訳『建築をめざして』鹿島出版会、1967年、pp.51-52)

1 人の行為や行動、活動のこと。例えば、食事をする、団らんする、読書をする、テレビを見るなど。

2 平面のエスキス

さあ実際に手を動かしてトレーシングペーパーの上に平面のエスキスを重ねてみましょう。平面の重要さがだんだんわかってくると思います。まず敷地図の上にトレーシングペーパーを置き、そこに平面のアイデアをスケッチします。仕事場や学校から疲れて帰ってきた時、住宅は道路からのアプローチでどう見えたらいいでしょうか。家族との生活で一番大事

なスペースは何でしょうか。少しでも外部に庭のスペースをとるのであれば、部屋と庭との間でどんなアクティビティが起こるか想像してみましょう。家族一人ひとりの日常生活のさまざまなアクティビティを頭の中に具体的に描き、家族の関係はどうあったらいいか考えてみましょう。思い付いたいろいろなアイデアをこの平面図の中に描き留めていきます。

ここで重要なことの一つは、いったん描いたものを消しゴムで決して消さないことです。描き直したい時は新たにトレーシングペーパーを重ね、その上にスケッチを何重にも重ねていきます。そこに描かれたものはあなたの大事なアイデアの全体を、あるいはその片鱗を表しているものであり、後で見返すことにより自分のアイデアの変遷がわかり、またそのプロセスの中で今まで埋もれてしまい気付かなかったアイデアが望ましいものに見えてくることもあります。そのためにもたくさん描くことで気楽にいろいろなアイデアが出るように自分から努めることが重要です。

二つ目として、このエスキスでは常に住宅の全体を描くことです。自分が気に入ったところ、あるいは、コンセプトとして明確なところだけを描き、その他のところはなかなか図面化しないことがよくあります。すぐに思い付いたことがベストかどうかわかりません。またこの明確なイメージにあまりとらわれても他が見えてきません。住宅は家族の生活を全体的に受け止める場であり、また四季を通じて、そして長い期間生活する場でもあります。できるだけ住宅全体を描いてみなければ考えたアイデアやコンセプトが妥当なものかどうかわかりません。平面全部を描くことにより、やがてこの住宅の全体像といえるコンセプトが浮かび上がってくるでしょう。

三つめは、プランニングという言葉の説明にあったように、平面のエスキスは平面だけを考えるのではありません。それを中心、いわばきっかけとして、同時に断面的なことや透視図的なことも描きながら、家族の生活を容れる三次元の空間として住宅をつくり上げていくのです。そうしなければ家族の生活はとらえられません。平面図だけでなく同時に他の図面も描くことが重要です。

四つめは、もっとも重要なことですが、家族一人ひとりのアクティビティを具体的に想像して場をつくり上げることです。場とは、空間とアクティビティとの生き生きとした関係を指しています。場を思い描くには、この平面と対話しその中を歩き回ることをお勧めします。もちろん想像上ですが、この住宅に住む人々の一人ひとりになったつもりで、ある時は主婦となり料理をつくり、ある時は小さな子どもとなり遊んでください。この住宅で春夏秋冬を、そして朝から始まる一日24時間を想像上で生活してみてください。

3　プランニングとプログラミングの相互作用

プログラムがまずあって、その実現、あるいはプログラムへの最適な解答という意味でプランニングがあるように述べてきましたが、実はプログラミングとプランニングは同時的に進むものであるといえます。住宅のプログラムがなかなか確定できないと悩む必要はありません。多くの場合プログラムはそれだけでは確定できないのです。またプログラムやダイヤグラムができたと思っても、実際プランニングを進め始めるとなかなかうまくいきません。これは多分にプログラム自体の不確定さからきています。建築は実際のスケール（寸法）や材料や形態を持った具体的な現実の空間です。特に住宅の場合、動的なあるいは静的な人体寸法（ヒューマンスケール）は大変重要です。こうしたスケールや形態などの空間性を捨象してできたプログラムは十分なものではないといえます。敷地形状や残したい樹木の位置、日当たりや風通しの具合、適度な部屋の大きさや廊下の幅など、スケールと形態を伴った空間として具体的に考え出す、つまりプランニングし出すと途端に行き詰まってしまいます。このプランニングの視点が含まれていないプログラムやダイヤグラムは、まだ確定できないものだったからです。プランニングが進む中で、自分がやりたいこと＝コンセプトも明確になり、機能などのダイヤグラムもはっきりしてきます。プランニングによりプログラミングが補強されるわけです。プランニングからプログラミングへのこのフィードバックこそ、実際手を動かし、スケッチを重ねながらあれやこれやと考えていく建築設計の醍醐味であるといえます。

4　「場」を考える──中間領域

さて、先ほど述べた四つめの「場」（プレイス place）について少し具体的に説明しましょう。平面図という図面の中に描かれたそれぞれの場所がこの「場」となることにより、住宅は具体的に立ち現れてきます。「場」とは、人々のアクティビティを的確に受け止め、さらに人々のアクティビティが衝突することなく成立できる空間を指します。つまり、人と空間との生き生きとした関係がある時、われわれはその場所を「場」と呼びます。

場が生き生きと感じられる空間の一つに「中間領域」があります。それは、二つ以上の異なる性質や機能の空間が接する時に、その中間に位置し、それぞれがぶつかり合うことがないように調整するいわば緩衝材となる空間のことです。この中間領域を意識することは、逆にそこに接する空間に明確なイメージを与えることにもなり、自分の設計を強化してくれます。建築空間の魅力はこの中間領域にあるといっても過言ではありません。

図1 円通寺(京都)の庭を見る

こうした中間領域の中で、住宅として特に面白いと感じられるものは半戸外空間です。住宅はそもそも人間が生きる上で自然条件の厳しい外部から自分自身を守るために、この寄辺ない外部を区切ってつくり上げた安定した内部空間でした。人間はこの内部を生活しやすいように雨風を防ぎ、採光を工夫し、冷暖房を設備し、できる限り快適なものとしてきました。しかしながら人間は、心地良い風や木陰や空間の広がりなど外部の持つ大きな魅力が忘れられなかったのです。それで擬似的外部、つまり人間にとって制御できる外部的空間＝半戸外空間という中間領域をつくったのでした。半戸外とは内部と外部が直接しかも同時に関係し合う場所です。それは庭といった純然たる外部ではなく、テラスやバルコニー、ベランダあるいは縁側、ピロティ、中庭というような、建築物に付随した半外部といえる空間です。これについて考察し、人々のアクティビティや場のありかたを具体的に見てみましょう。

伝統的な日本の家屋に見られる縁側は、室内の空間と庭を渾然と一体化させ、室内にいながらにして巧みに外部の自然を享受させてくれるしつらいとして用いられてきました[図1]。この縁側の空間は、われわれの記憶の中に五感を伴った思い出として深く刻印されています。そこは樹木や小動物などの自然の音に耳を傾け、風のやさしさを肌に感じる心地良い休息の場所です。よしずを張った夏の縁側では昼寝をしたり、スイカを食べたりし、冬の午後の陽光を浴びた縁側では日なたぼっこをしたりします。また庭での作業の時は休憩用のベンチとなり、カキやダイコンを吊り下げ干す場ともなります。そして縁側はとりわけ1年を通じて気楽な社

図2 玄関バルコニー。tu邸(1988)

交の場として使われます。そこは靴を脱がずに訪問できる場所で、座敷と庭との間にあり、格式ある座敷にいる家の人が誰であろうと、普段着で気やすく訪れ、声をかけることの許されるところです。つまり縁側は住宅内にありながら、座敷の論理あるいは作法の論理と、庭＝外界の自由な空間の論理とが衝突もなく、いわばスムーズに出会える不思議な場となっているのです。

次に住宅の玄関を考えてみましょう。玄関は住宅の入口であり内部と外部との緩衝領域ですが、見方を変えると入る人やものを適度に選別するフィルターの空間ともいえます。押し売りはドアの前で断り、宅配便や集金の人にはここで対応し、親しい人とは立ち話をし、招いた客人はやさしく迎え入れます。そのためフィルターとして玄関は防御的な密室となり、過去には家の格式などの付帯的意味が生じてしまいました。こん

図3 台所の主婦コーナーから生活の中心である中庭を見る。向こうは菜園、左は食堂、右は浴室。si邸（1995）

なことを思いながら玄関をなくした住宅をつくったことがあります[図2]。幼稚園の園長の自邸で敷地に余裕がなく、園舎の一部の上階に住宅をつくりました。2階にあることで考えついた案ですが、鉄骨の外部階段を上り、透明の庇屋根の架かったバルコニー部分で靴を脱ぎ、ガラス張りの住宅に入ります。この「玄関バルコニー」と呼んだ半戸外空間には、現在子どもの靴やら花の鉢などが乱雑に置かれ、開かれた気やすさが感じられます。農家の縁側から直接内部の居間に上がってしまうような開いた出入口です。それゆえ内部と外部の境界を感じさせることがなく、2階ゆえに周囲の何もない環境の中に溶け込み、空中に浮遊しているような独特な感覚を生じさせています。

次に中庭を考えてみましょう。住宅内での家族のアクティビティを、主婦の視点を軸に考えることは住宅にとって重要です。家族の中で主婦は住宅内での滞在時間が一番長く、また家族の構成員を結び付ける役割を果たしているからです。中間領域である中庭を媒介に、主婦の家族への思いを造形化することを試みたことがあります[図3]。家の中心に木製デッキを敷いた中庭をつくり、その三方に食堂、台所、浴室と、この家族の生活にとって大事な諸室を配しました。中庭の存在により家事コーナーやキッチンセットのある台所が、実はこの住宅の中心となって家族の生活が展開していることがわかります。気候が良い時、中庭での風呂上がりの夕涼みや1杯のビールは気持ち良いことでしょう。中庭の残る一方は、裏庭の菜園に開かれています。菜園で獲れた野菜は地流しで土を落とされ中庭を通って台所に持ち込まれます。この家の主婦に

図4　居間から食堂、テラスを見る。ni邸（1998）

とって自分の居場所である台所は、居ながらにして家中の内外のほとんどが手に取るように感じられる場所となっています。

5　生活の広がり

住宅の内部空間の構成を、生活の「広がり」をキーワードにして考えてみましょう。住宅は家族の生活のさまざまな場面に対応するものです。家族のアクティビティの集積として、平面＝空間の広がりをとらえてみましょう。

重力に支配された人間は、そのよって立つ基盤である水平なる床面に安定を感じます。人々の自由なアクティビティを保証する場を建築と呼ぶならば、この水平の広がりがあるところはすべて建築となります。それは考えようによっては内部空間であるといえ、物理的な内・外の区別はそれほど重要ではなくなります。ここでは内部は場のポテンシャルの高い近傍としか規定しようがなく、一方、外部はその外周部、周辺となります。内外は、例えば床の仕上げやレベル差で物理的に区別されたとしても連続的であり、空間は周囲に自由に抜けていきます。この広がりの中に1歩踏み込めば、人はこちらから向こうへ、あるいは左から右へ意識の上で自由に空間を横切ることが可能であると直ちに了解し、自らのアクティビティが保証されていることを感じます。人はこの広がりこそ自分の居所＝住まいであると思うことでしょう。

こうした空間の広がりを、家族のアクティビティが連続する1つの平面システムとして考えたことがあります[図4]。1階はRC壁構造とし個室群をまとめ、その上に木造の2階を載せた住宅です。2階を1枚の軽い屋根の

下に広がる矩形の広がりとし、その中に家族のさまざまなアクティビティを展開させました。周囲を透明なガラスで囲い外部の緑と連続させます。そこに1枚の連続的で規則的な屋根を架けます。この連続的で一様な広がりは、床面ではさまざまなスペースに緩く分節されています[図5]。おのおののスペースは生活のヒエラルキーを持ってお互いに前後・左右につながります[図6]。左右のつながり＝「居間-食堂-主婦コーナー」と交差する前後のつながり＝「台所-食堂-テラス」・「書斎-居間」がつくり出す網目がこの家族のアクティビティ＝住まいとなります。

さあ、住宅での家族の生活が見えてきたと思います。ここまでくれば、多分君のプランニングはほとんどでき上がったようなものです。

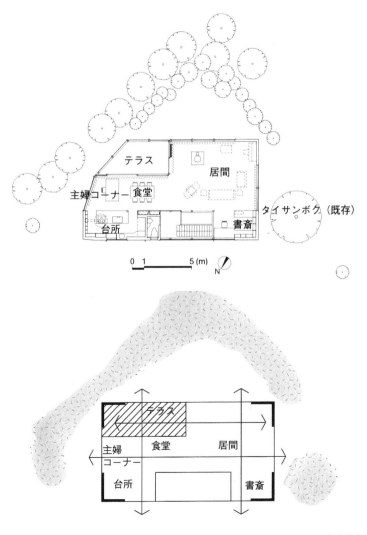

上・図5　2階平面図。ni邸(1998)
下・図6　同平面のシステム(1998)

立体で考えよう

KEYWORD
「かたちが機能を啓示する」
——ルイス・カーン

1　Cube から Image する

落語に「お題噺」という演目があります。お客さんから一つの「題」をもらって、アドリブで噺を創作するってやつです。そんな芸当ができるのは、おそらく落語家が言葉のプロであって、一つの言葉からたくさんのイメージが湧いてくるからでしょう。建築に限らず、「モノづくり」を目指すのなら、一つのかたちからさまざまなイメージが浮かんできてほしいものです。

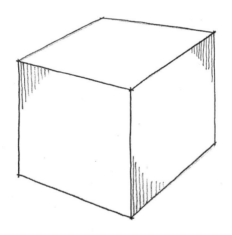

今ここに一つのCubeがあります。この絵を見て、君はいったいどんなイメージをふくらませるでしょうか?

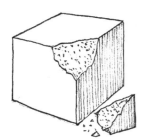
内部は詰まっている(SOLID)？

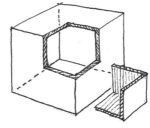
それとも中空(VOID)？

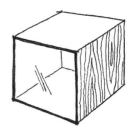
色は白?あるいは透明?

溜まったままの書類に見えた？

それとも本棚の全集?

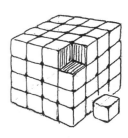
積木遊びかも?

ワイヤーフレームとか?

箱の中には…

爪楊枝の束じゃん！

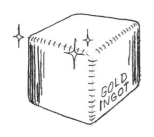
金塊だったらナ

豆腐だったか…

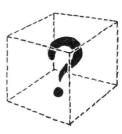
まだまだ…

7章　立体で考えよう | **071**

大きさは、どのくらいに見えたでしょうか？　実物大なら、指でつまめるぐらいだけど、どう見ようと君の勝手でいいのです。

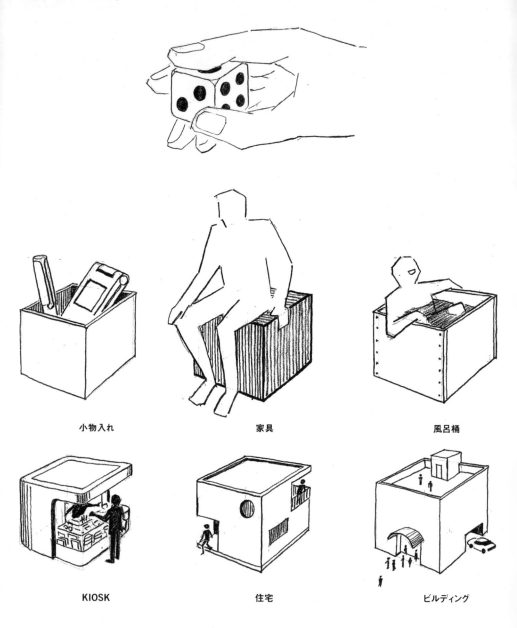

これらの絵の縮尺はそれぞれどのくらいでしょうか？（S＝1/?）

072 ｜ 住宅をデザインする

さて、Cubeは8個の頂点と12本の辺と6枚の面でできています。そして一つの空間…。

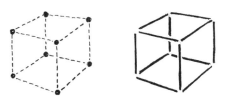

では、どれだけの要素があればCubeを「イメージさせる」ことができるでしょうか？

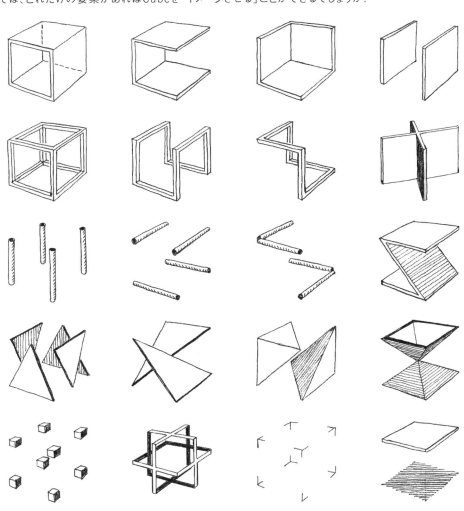

君のオリジナルは？

一つのCubeとはいっても、いくつかの部分から構成されているかもしれない…。今度は、Cubeを分解してみましょう。

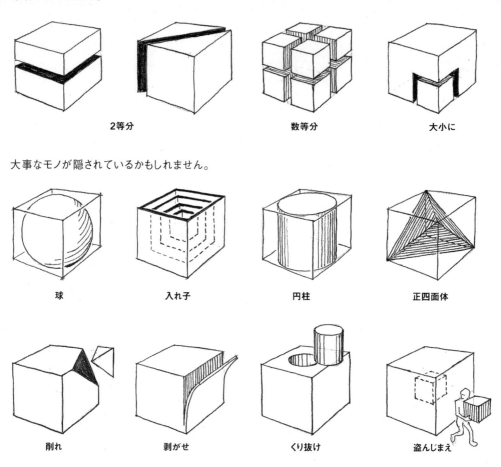

大事なモノが隠されているかもしれません。

「Cubeは宝の山である」、言い換えれば「かたちにはさまざまな意味がある」。君には、その「意味」を探ってほしいのです。だからもう気づいてくれているはずですが、本当はCubeの次に、円柱も球も考えたいのです。ですが、それは君に任せることにして、先へと進みましょう！

2 Cube を Set する

今度は、Cube自体の意味から発展して「Cubeと周囲」の関係を考えてみましょう。

サイコロと箱、箱と机、机と部屋、部屋と家、家と敷地、敷地とご近所…。

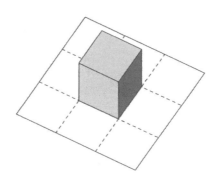

今ここに一つのCubeが1枚の平面上に置かれています。正方形の平面の一辺は、Cubeの辺の3倍だとします。これを単純に9マスに分けて、Cubeの置き方について「場合の数」を考えてみましょう。回転や反転して同一なものは除くと、3種類ですよね。

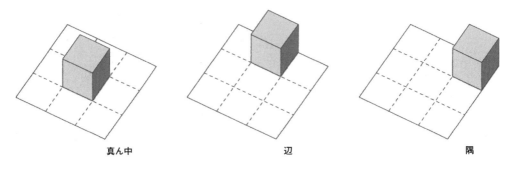

真ん中　　　　　　　　辺　　　　　　　　隅

では、同じ9マスの中に二つのCubeなら、どれだけの種類が考えられますか?

二つのCubeの組み合わせは、下図の8種類ですね。並んだり、接触したり、離れたり。

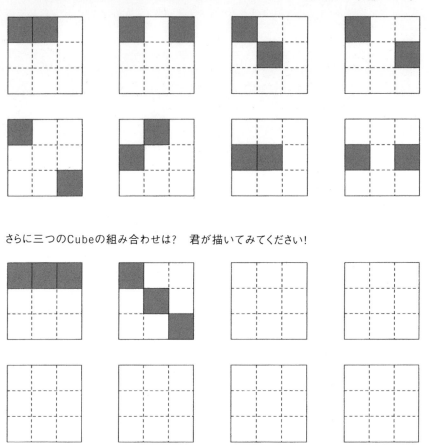

さらに三つのCubeの組み合わせは？　君が描いてみてください！

Cubeの配置に従って、余白部分にもさまざまな特徴が生まれていることに、気づかされます。

二つのCubeが離れていても、両者の間には何か磁場のようなものが感じられますよね。建築計画でも「配置によって"場"が構成される」なんていいます。この時、"場"は部屋のような実体であるとは限らないのです。

さらに明確な構成になると、主従逆転して、実体より余白の方が自己主張してきます。

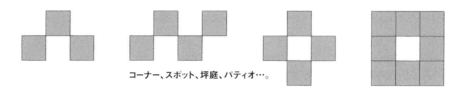

コーナー、スポット、坪庭、パティオ…。

さて、始めに戻ってCubeと平面の関係ですが、9マスの制約をはずして発想してみましょう。立体的に考えると、実にたくさんの関係がありえます。

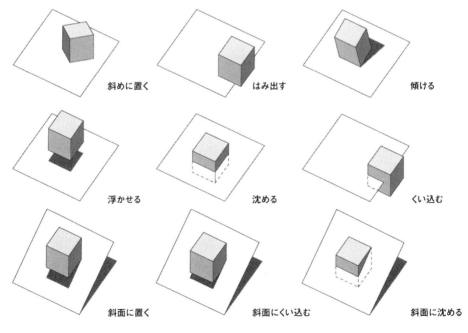

実際の建築物のイメージが湧いてくるでしょう？

二つのCubeの組み合わせ方も、立体的に考えれば意外と多いものです。さらにCubeの大小も加味すると…。

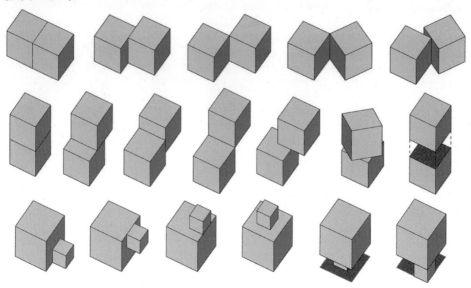

二つのCubeの構成によって「関係」が生まれ、関係が「場」をつくり出しています。これらを建物に見立てるならば、エントランス、ピロティ、カーポート、テラス、バルコニー、ペントハウス…、が見えてきませんか？

今度は二つのCubeがオーバーラップする場合も考えてみます。さまざまな合体方法がありますが、合体した上で改めて分解してみると、その合体状態にも意味を見い出せるはずです。

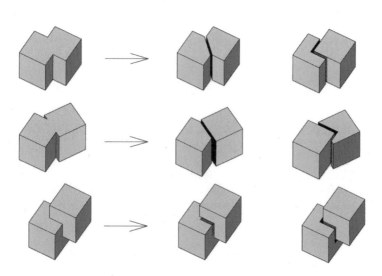

3 たかがCube、されどCube！

この章ではCubeをネタに話を進めてきましたが、まさかCubeで何もかもつくれるなんていっていません。単純なCubeでさえ、そこからさまざまなイメージやアイデアが浮かんでくるはずだ、といいたいのです。それはきっと「かたちには意味がある」からなのです。

下の住宅は、G.T.リートフェルトというオランダの建築家が設計し、ユトレヒトに建てた「シュレーダー邸」です。1924年のことでした。その革新性ゆえに当時は物議をかもしたほどでしたが、もちろん今日でも、その清冽さは失われていません（建築史上あまりにも有名な住宅です。巻末のケーススタディにも載っていますし、インターネットでも検索してみてください）。

さて君は、この「シュレーダー邸」を構成するいくつもの面や立体や場を、そして全体を、どのように読み解いてみせるのでしょうか？

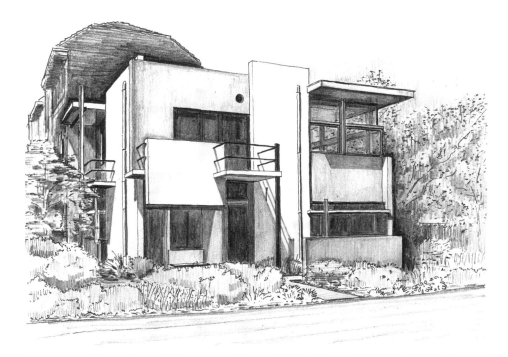

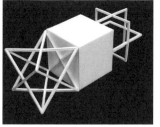

構造を計画しよう

KEYWORD
構造と皮膜
木造
在来軸組工法
2×4工法
RC造
S造
混構造

1 構造と皮膜

一つの建築物は、構造(スケルトン:骨格)と皮膜(スキン:内・外装)が組み合わさってつくられています。建物のかたちをつくるおおもとである構造体の周りには、日差しや雨を防ぐ屋根、寒さや風をしのぐ外壁、生活を包む内壁や床、天井といった皮膜が取り付き、内部の環境を整えることで居住空間がつくられるのです。それは私たち人間の体が、骨格と筋肉・皮膚とが組み合わさってつくられているのとよく似ています。

大きな地震や台風がきても簡単には壊れない頑丈な構造があって、初めてその中に住むための空間をつくることができます。安全かつ丈夫で長持ちする建築をつくるためには、皮膜とのバランスを考えながら、しっかりした構造を計画することが欠かせません。

2 構造の種類

建物の構造には、さまざまな種類の材料が使われるとともに、これに応じた架構方法(組み立て方)があります。構造材として使われる材料には、木、土、レンガ、石、鉄、コンクリートなどがあります。建築をつくるときには伝統的に、建物を建てる土地から手に入れやすく、そこの気候や風土に適した材料が使われてきました。その結果、長い時間をかけて育まれた文化と環境になじんだ、住みやすく気持ちの良い空間がつくられてきたのです。工業化社会の今日では、要求される機能や予算に応じて、さまざまな材料を自在に使うことができます。しかし、周辺の環境や地盤の状態、住まい方に合わせて、適切な材料と構造を選択することが、大切なことに変わりありません。

代表的な架構方法には、以下のようなものがあります。

直線状の部材を柱や梁として使い、垂直・水平に組み合わせながら立体的な格子をつくる構造を「軸組構造」と呼びます。マッチ棒を組み合わせてつくった立方体をイメージしてみてください。ていねいにつくっても、横からちょっと力を加えただけで、四角形はすぐに歪んでしまいます。この歪みを防ぐためには、対角線上に斜めの部材を入れたり(筋かい)、側面に紙を貼ったり(面材)すると、驚くほど丈夫になります。軸組構造でつ

くられる実際の建物でも、こうした補強が欠かせません。軸組構造のなかでも、部材と部材の接合部をがっちり固める(剛接合)ことで歪みを防ぐ方法があります。こうした方式を「ラーメン構造」(ラーメン：ドイツ語で"枠組み"のこと)と呼びます。

壁を立てて、建物の自重と積載荷重(建物内の人や物品の重さ)を地面に伝達する構造は「壁式構造」と呼ばれます。建物を構成しているさまざまな壁のなかでも、構造上、特に力を伝達する重要なものを「構造壁」と呼びます。構造壁は建物から地盤へ、上から下に重力に従って力を伝えるとともに、建物のかたちを変形させないためにも重要な働きをします。

さらに、線状の部材を組み合わせてつくるトラス、アーチを水平移動させてつくるヴォールト、アーチを回転させてつくるドームなど、立体的に組み立てられた面によって力を伝える構造を「立体構造」と呼びます。

一般的に、構造は使われる材料の名前をとって区別されています。材料の性質に合わせて、さまざまな架構方法のなかから最適なものが選ばれます。

木材を使った構造は「木造」と呼ばれます。補強のための鉄筋をなかに入れた、コンクリートを使った構造は「RC造」、鉄でできた直線状の部材(鉄骨)による構造は「S造」と呼ばれます。住宅のデザインでは、これらの3種類が主に使われます。それでは順に、それぞれの構造の特徴を見ていきましょう。

▪ 2-1　木造の住宅

木造の住宅とひと口にいっても、そのつくり方(工法)にはいくつかの種類があります。代表的な木構造として、「在来軸組工法」と「2×4工法（ツーバイフォー）」の2種類が挙げられます。

在来軸組工法は、日本で住宅をつくる時にもっとも一般的な工法です[図1]。コンクリート造の基礎の上に、角材を垂直・水平にしっかり組み合わせて骨格をつくっていきます。角部には適宜、通柱（とおしばしら）や筋かいを入れて補強します。基本的に柱と梁の線材でできているので、後の増改築もしやすい構造です。「在来」の名前のとおり、この工法は日本建築の伝統の延長上にありながらも、部材接合用の金物や耐震性能などの技術開発が、常に行われています。

この他、木材を使った軸組構造として、「SE工法」(木造ラーメン構造)があります。これは集成材と呼ばれる、薄板を貼り合わせてつくった太い部材を使って、がっしりとしたラーメン構造をつくるものです。SE工法を使うと、在来軸組工法では不可能な大空間や、大きな開口部をつくることができます。

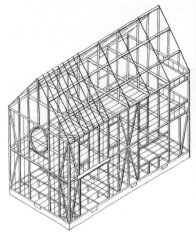

図1　木造・在来軸組工法の住宅

2×4工法はアメリカやカナダで開発された木構造で、壁式構造の仲間です。軸組構造のように柱や梁を立てるのではなく、2×4インチ（38×89mm）の断面をもつ角材と合板を使って壁・床・天井用のパネルをつくり、これを現場で組み立てます[図2]。パネルは工場で正確かつ合理的に生産され、現場ではそれをプラモデルのように組み立てるだけなので、施工技術を簡易化でき、工期も大幅に短縮できます。しかし2×4工法はパネルを組み合わせてつくるので、平面構成に限界がある、開口部の大きさが制限される、増改築が難しい、などの難点もあります。

この他、木造の壁式構造には「校倉造」があります。これは角材を積み上げて構造壁をつくる建築です。もともとは、今日でも東南アジアなどに見られるような穀物倉庫に使われた構造でした。ログハウスなども、この

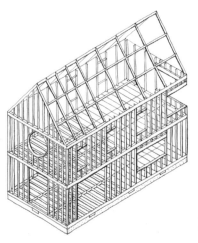

図2　木造・2×4工法の住宅

082 ｜ 住宅をデザインする

構造の仲間です。

木造の立体構造としては、木骨トラスなどが開発されています。これは角材を金属のジョイントで三角形や四角形につなぎ、これを連続させていくもので、軽々とした大空間をつくることができます。

2-2　RC造の住宅

コンクリートという材料は、圧縮にはとても強いのですが、引っ張られる方向の力には非常に弱いという性質をもっています。このため、引っ張りに強い鉄筋と組み合わせた、鉄筋コンクリート(RC)がつくられました。火事や地震にも強く、厚みをもたせれば防音性能も高まります。正しい材料を使い、きちんとつくれば100年以上はもつ、大変丈夫な構造です。

RC造にも軸組構造と壁式構造、立体構造があります。RC造の軸組構造としては、ラーメン構造が用いられます。これはオフィスビルや集合住宅といった大規模な建物に使われることが多く、独立住宅ではあまり見られません。住宅でRC造が用いられる場合、壁式構造が多く選択されます。壁式構造では、柱や梁の出っ張りがない、すっきりとした室内空間を得ることができます[図3]。柱や梁ではなく、壁で建物の自重や積載荷重を支えるため、十分な量の構造壁が必要です。また、コンクリートの壁は暖まりにくく、冷めにくい性質をもっているので、外気と触れる面では結露しやすく、注意が必要です。

型枠にコンクリートを流し込んでつくるRC造は、斜面や曲面など、さまざまなかたちを自在につくることができます。そのため、コンクリートは立体構造にも適しており、ヴォールトやドームを使って大空間をつくるほか、薄い面を立体的に湾曲させた「シェル構造」(貝殻や卵の殻を思い浮かべてくださ

図3　RC造・壁式構造の住宅

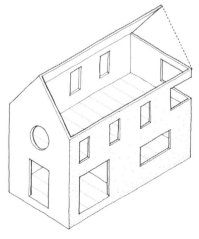

い)も得意としています。

■ 2-3 S造の住宅

鉄骨には断面形状によって、H型鋼や鋼管（円形の筒状）、角形鋼管などの種類があります。こうした鉄骨を、柱や梁として組み立てた軸組構造を総じて、S造（鉄骨造）と呼びます。鉄という丈夫な材料のおかげで、部材の寸法を小さく、軽くすることができるので、大きなスパン（柱と柱との間の距離・梁間）をとることができ、また、窓や出入口といった開口部を比較的自由に設けることができます[図4]。S造の場合、柱や梁といった各部材が細いので、他の構造形式よりも振動や騒音に気をつける必要があります。

鉄による壁式構造としては、近年厚さ10mm程度の鉄板を使った住宅が試みられています[図5]。鉄板構造は、木造やRC造と比べても圧倒的に壁が薄いので、その分、内部空間を広くとることができます。タンカーなどをつくる造船技術を応用した鉄板構造は、今後の発展が期待されています。

鉄骨は、立体構造を得意とします。軽量で大スパンをとばせる鉄骨トラスは、他の構造と組み合わせて用いられることもしばしばです。また鉄板を立体的に折り曲げて、大空間を覆う屋根をつくることもできます。

鉄骨トラスは木造の基本構造と組み合わせて、柱のない大空間や大屋根をつくるのにも使われます。このような、おのおのの構造の良いところを活かしながら、一つの建物のなかに各種の構造形式が混ざっている建築を「混構造」と呼びます。混構造には他にも、住宅の壁や床を地震や火事に強いRC造でつくり、屋根や間仕切壁を軽い木造にしたものな

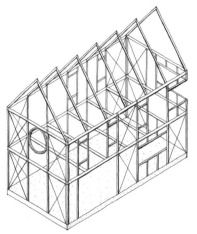

左・図4　S造・鉄骨構造の住宅
右・図5　S造・鉄板構造の住宅

どがあります。こうした混構造は、費用がかかる上に技術的にも難しい点がありますが、理想的な居住空間をつくるための、構造的な解決方法の一つです。

3　構造を使いこなそう

建物の構造を考えるということは、空間のかたちを考えることと直結しています。プログラミングとプランニングを経てイメージされた豊かな居住空間に現実のかたちを与え、そしてそのかたちの骨組みを考えること、これが構造デザインなのです。

与えられた条件のなかで、必要とされる空間の機能と性能を実現させるためには、どのような構造が最適なのか、冒頭に述べたように骨格と皮膜とのバランスを保ちながらまとめていくことが大切です。自分の理想とする住宅デザインを実現させるために、さまざまな構造形式の特徴を正しく把握して、構造を使いこなしていきましょう。

環境・設備を計画しよう

KEYWORD
サステイナブル
自然な環境
建築空間と環境・設備の統合

1　環境・設備の再考

環境・設備の計画に入るにあたり、そもそも環境・設備は建築にとって何であるのかを考えてみましょう。建築の設計の分野は、大きく意匠、構造、設備の三分野から構成されています。平面や機能、空間は建築（意匠）の分野、安全性や耐震性など構造的に成り立たせるのは構造の分野、そして、空間の光や温度、空気、さらに水の供給や各種機器を作動させるエネルギーなどを考えるのが設備の分野となります。この三番目の分野は住宅の場合、具体的には照明や電力・電話などの電気設備、上下水道やトイレ・バスなどの給排水設備、換気やエアコンの冷暖房などの機械（空気調和）設備などです。従来、学生の設計課題では、この設備の分野まで触れることは少なかったといえます。建築の中で設備を考えるといえば、冷暖房機（エアコン）や衛生器具などの設備機器・機械をどう配置するかというように矮小化して理解され、学生の設計学習にとって建築空間の本質とはあまりかかわりが少ないとされていたからでした。このことはもう一つの分野である構造が建築空間の本質にかかわると容易に理解されていたのとは大いに異なりました。

また今までの建築設備の状況も誤解を受けかねないものであったといえます。例えば冷暖房設備をみてみると、地域の気候風土に関係なく無理やりに冷やしたり暖めたりというものでした。これではかえって逆効果で、暖房時に不快な暖気流を感じたり、冷房時では冷房病などが発生したりしています。また空気調和といっても、夏の湿度や冬の乾燥をあまり考えずにただ冷やすこと・暖めることだけがありました。空調は人間にとっての真の快適さを追求するためにあるはずなのに、いつの間にか機械自身の数値に表れた効率性だけが優先されてしまったのです。

しかしこうした事態は誤解から生じたことでもあり、建築設備本来のありかたへ戻って考え直す必要があります。現在、環境・設備の分野自体から積極的な動きがあります。例えば温熱環境という考えは、空間全体を温度の分布状態から捉えます。同様に空間を空気や気流、音響が充満するトータルな環境として考えることも行われています。これは機能面や構造面から諸室間の論理的な関係を考えるのとは異なり、清浄な空

気やさわやかな気流、適度な温度など人間の快適性や五感にうったえるもの、つまり環境・設備の対象領域の視点から、空間を全体的に捉えようとしているのです。何か今までの建築のとらえ方とは異なる新鮮な空間が見えてくるような気がします。こういったことを受けて、学生の設計課題として建築の環境・設備的側面は最近ではきちんと取り上げられるようになってきました。

2　サステイナブルな社会の構築

さらに最近、別の角度からも設備本来が持っている環境的視点から建築空間を考えることが叫ばれるようになりました。それは建物により引き起こされる温暖化ガス、廃熱、ゴミ、空気・水・土の汚染などの環境負荷の問題が抜き差しならない状態となってきたからです。地球環境への負荷を低減し限りある資源の中で持続可能(サステイナブルsustainable)な社会を目指すという要請が、社会全体から起きています。持続可能な社会の構築に役立つ建築＝サステイナブル建築が求められています。この要請は建築の一分野としての設備だけの問題ではなく、建築界全体への広がりをもち始めています。つまりわれわれは明日どこに住むのかという未来の持続可能な社会へのヴィジョンを、どう建築からイメージできるかが社会から問われているのです。ある意味で環境・設備の領域が飛躍的に拡大しているといえます。

サステイナブル建築には二つの視点があります。一つは、地球環境負荷低減の視点で、それには三つの原則があります。第一は「省エネルギー」、つまり建物で消費するエネルギーを減少させることです。具体的には冷暖房・給湯・照明などの負荷を減らすように建築計画上で建物性能を向上させることや、高効率な設備機器システムの使用、あるいは太陽の光や熱、風力などのクリーンな自然エネルギー利用の促進などです。第二は、「建物の長寿命化」です。これには、劣化しにくい材料や耐震構造などの見地から物理的な耐久性を高めることと、社会の変化に対応できる柔軟性(フレキシビリティ)、つまり社会的な耐久性を建物自体が持つことの二面があります。長寿命化により資源循環の速度が緩められ資源消費量が減少します。第三は、「エコマテリアルの普及」で、製造エネルギーが少ない材料や、リユース、リサイクルが容易で廃棄時の環境負荷が少ない材料などの使用です。

二つめの視点として、持続可能な未来の社会における建築・都市という未知の環境の構築があります。想像力あふれる提案が求められており、まさにデザインそのものといえます。ここで重要なことはデザインの本質、つまり統合化(インテグレーション)が求められていることです。建築、構

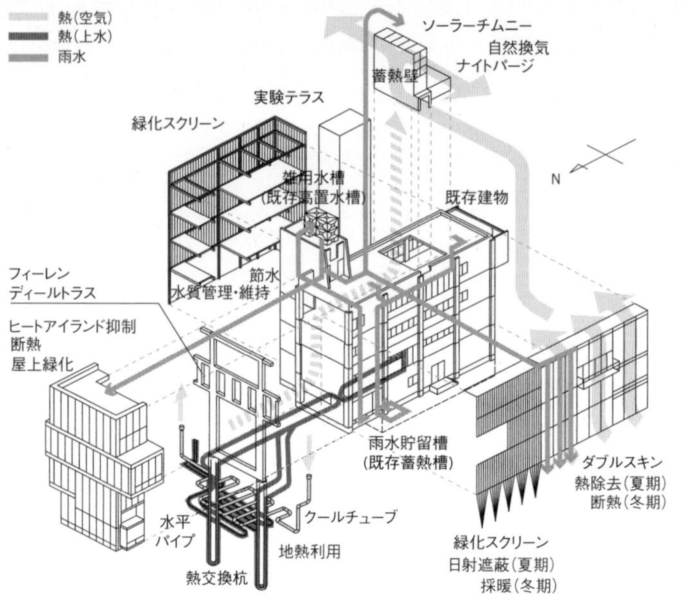

図1 建物に統合的に用いられた環境負荷低減要素。関東学院大学環境共生技術フロンティアセンター(2005)

造、設備の統合、諸技術の統合です。建築や構造ができてから設備が付加されるのではなく、環境・設備が建築空間や建築形態、機能、構造と全体的にかかわり、一つの環境として統合されるという発想です。いわば環境・設備的発想が建築デザインそのものとなることで、これからの建築デザインにとって大変魅力的なテーマだと思われます。

図2 関東学院大学環境共生技術フロンティアセンター西面。左奥の部分がダブルスキン(2005)

図3 同バラによる壁面緑化（2006年撮影）

図4 同ダブルスキンとソーラーチムニー

こうしたサステイナブル建築の具体的な手法を少し見てみましょう。関東学院大学環境共生技術フロンティアセンターは築36年が経過した建物を再生した計画です。環境負荷低減のいろいろな手法が絡み合い、建物全体へと統合的に用いられています[図1]。住宅建築ではありませんが、十分住宅に応用できる考えだと思います。

傷んだ外壁を保護することも兼ね、外壁の周りにガラスのファサードを付加しています[図2]。ダブルスキンといい、通常の外壁の外側に透明ガラスの皮膜をつける手法です。暑い時はそこに組み込まれたブラインドで日射を遮蔽し、さらに下階から上階へ外気を抜けさせることにより外壁面温度を下げます。寒い時はここを閉じることによりガラスの温室効果を狙います。こうして外壁面には断熱材が不要となりました。また、ガラスの透明性は中での学生の研究活動を外に染み出させ、外部に大学らしい若い人の活気を感じさせます。このような意味でダブルスキンは現代的な透明性と省エネルギーを両立させる技術といわれています。

その隣にはツルバラにより緑化された壁面があります[図3]。バラは日射が強い季節では葉が茂り、建物内部に気持ちの良い樹陰をつくります。また冬は落葉し建物に太陽の暖かさを導きます。そして花の華やかさは人々を大いに癒してくれます。またバラの世話をすることで建物に愛着もわいてきます。

これらの上部に、ソーラーチムニー[註1]があります[図4]。これはまずトップライトとしてあり下部のスペースを明るく照らします。さらに、太陽からの日射熱がコンクリートの蓄熱壁に蓄えられ、建物内に上昇気流を起こさせます。ナイトパージ（夜間躯体冷却効果）といいますが、夏期には特に有効で、建物が使われなくなる夕方からひと晩かけて下階から外気を取り込み建物を冷やします。最上階にあるソーラーチムニーによる上昇気流によって、自然に夜間の冷気が建物内に誘引され、昼間暖まった建物躯体の温度を下げ、冷房負荷を低減させるのです。これはさらに、先ほどのダブルスキンと連動されると、ダブルスキンの換気による熱除去効果をさらに高めてくれます。

3 自然な環境をつくる

環境・設備がトータルなもので、建築空間そのものと深くかかわっていることが理解できたと思います。では住宅の設計の場面で、環境・設備が対象とする空気、温度、熱、光などのありかたについて考えてみましょう。誰でも気持ちの良い風や、さわやかな朝の太陽の光、木々のざわめきなど、自然がかもし出す特有の風情に心地良い刺激を感じ、自分が生きていることやその喜びを感じたことがあると思います。自然のうつろいや季

1 部屋の上部に設けられた煙突状の空間が太陽光で熱せられると、部屋の上下の空気の温度差で自然換気が促進される。これを利用して自然排熱を促す手法、またはその煙突状の空間（排熱換気塔）を指す。

節のリズム、緑や光や風の時々刻々の変化は、視覚だけではなく温度や匂い、音といったわれわれの五感すべてを使ってそれらを感じ楽しむことを誘います。こうした五感と自然との素直な呼応関係には、われわれの身体が実はわれわれにとって第二の自然といえるものであり、外部にある本来の自然と、身体の内部にある自然とが感応し合うからだという人もいます。人が住まうためにつくられている住宅は、できればこうした感応が起こる空間であれば望ましく、それが快適な環境であると思います。

こうした自然な環境は建築的な工夫によりつくることができます。ここで「建築的な工夫」といったのは、冷暖房機などの機械を使わずにという意味で、機械的なものを建築に付加するのではなく、屋根や壁や窓など建築を普通に構成している要素、昔から変わらず存在しているものを少し改良・改変することを指しています。庇による太陽光の採光コントロール、自然な通風の工夫、断熱性の獲得、打ち水効果の応用、さらに樹陰の活用など、どちらかといえば伝統的な、あるいはローテク（機械のハイテクに対して、できるだけ単純で簡単、そして操作しやすい技術）なものを使って工夫することです。こうしたものはボタン操作一つで行われるのではなく、実際に自分の手や体を動かすことを伴うので、住宅での生活行為そのものを考えることに結びつき、それゆえ人間が住まう・生きることの意味を総合的に捉えることになると思います。

実はこうして得られた環境では、涼しさや暖かさは機械でのようには数値的に完全には得られません。不快・不健康を強いるほどでは困りますが、多少の暑さや湿気を許容することになります。しかしその代償として、周囲の魅力的な自然環境と積極的に関係を持つことができたり、四季の移り変わりに敏感になったり、人間の五感すべてを取り戻したように感じられたり、肉体的にも精神的にも癒されることでしょう。快適さの意味もとらえ直されているといえます。ここで機械的なものすべてをやめようと主張しているのではありません。極端に暑い時や寒い時は機械的な対応も必要となるでしょう。しかし、多少なら機械に頼らずに、われわれの身体や環境にやさしい方を選択しようということなのです。

4　ケーススタディ―住宅における建築と環境・設備の統合

第5章でも取り上げた住宅を通して、具体的に建築空間と環境・設備の統合や、自然な環境などをどう計画していくのか見ていきましょう。

敷地は袋小路の一番奥にあります[図5]。1本の大きなタイサンボクがあり、家に帰ってきた時、「ああ自分の家に帰ってきたのだな」と感じさせてくれるシンボルとなっています。2階に居間・食堂などがあります。四周はガラス張りで前面の南側には、敷地外ですが敷地を囲むように樹木が

左・図5　アプローチ。ni邸（1998）
右・図6　同食堂より半戸外のテラスを見る

あり夏場の太陽をかなり遮ってくれます[5章-図5]。さらに、西側には先ほどのタイサンボクがあり、うまく西日を遮ってくれます。樹木群は近隣関係から将来も伐採されないことが予想され、緑の樹陰を前提とした家づくりとなっています[図6]。

外壁では外壁通気といって、壁体内に下から外気が入り上に抜け、外壁の熱負荷を軽減しています[図7]。2階のガラス面ですが、床と天井に近いところを開閉できる窓としています。重力差により風のない日でも自然に通風、換気ができるようになっています。

2階は周囲をぐるりと緑に囲まれ、ほとんどワンルームになっていて開放的です（6章-5参照）。常識的に考えれば多分こんな家には住めないとまず考えます。ガラスが多すぎて夏は暑いし、冬は寒いと予想されます。しかし他でもないこの敷地だから、緑を楽しみながら広々と暮らすことができるのです。

こうした空間をどうしても実現したいと思って図7のような設備システムを考えました。床面近くにコンベクターが入っています。湯沸かし器でつくられた温水を熱源として暖められた空気をこのコンベクター内のファンで床下に送ります。韓国などで行われているオンドルと同じような、床を温風で暖める輻射床暖房方式です。この暖房方式は部屋の空間全体でなく、人間の居住領域だけを有効に暖房するもので、天井が高く気

図7 冷暖房システム図。ni邸(1998)

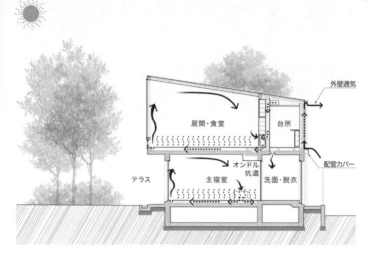

積のあるこの住宅にふさわしいものといえます。さらにこの床下を流れた温風は最後にはほとんど暖かさがなくなりますが、窓下の床グリルから室内に出、コンベクターに戻ります。これにより冬場、大きなガラス面からのコールドドラフトが和らげられます。さらに床下に入った温風の一部は、下階に吹き下げられて玄関、土間、洗面脱衣室などの通常は暖房が設備されない空間の底冷えを防いでいます。

実は上部天井付近の木のグリルの奥に冷暖房機が仕込まれています。この機械は単独で使用すると、冷房にも暖房にも容量的に十分なものとはなっていません。冬場のもっとも寒い時期に備えて床暖房の補助用となっています。夏は自然通風を主としていますので、うっすらとした冷房となればいいと考えています。さらに夏は湿気が多いので、冷暖房機からの冷気の一部を先ほどのコンベクターに送り除湿効果を狙っています。

水まわり・空調機まわりの設備関係は1・2階とも平面的に北側部分にコンパクトにまとめられています。配管はメンテナンスしやすいようにすべて顕わしにし、1階床下は地下ピット内、2階は床スラブ上転がしとし、なるべく室内での横引き部分を最小にするように直近の北側外壁を抜いて外に出しています。雨仕舞い上の弱点にならないようにこの外壁貫通部分には配管を集中させ、配管カバーを設けて処理しています。2階床下はオンドル坑道部分のスラブを下げていますが、1階ではその部分だけに天井を張り、冷暖房機スペースおよび収納スペースとしています。

Column —— 2
ブロックプランでエスキスしよう

一つの建物は、さまざまな単位空間が積み木のように組み合わさった、複数の立体ブロックの集合体とみなすことができます。各単位空間をブロックとして表現し、お互いの関係を模式的に表した図や模型を「ブロックプラン」と呼びます。ブロックプランは、抽象的に空間構成を示したダイヤグラムと、具体的な構造を示した平面図（プラン）との、ちょうど中間に位置します。ここでは、ブロックプランを使ったエスキス方法を紹介しましょう。

ブロックの大きさは「モデュール」と呼ばれる基本単位に従います。例えば日本の建築は伝統的に910mm（3尺）を基準につくられています。畳1枚の大きさは3×6尺（910×1820mm）で、部屋のサイズは4畳半、6畳など、敷き詰められる畳の数で示されます。畳2枚分の広さは1坪（約3.3㎡）と呼ばれ、面積を示す基本単位（坪数）になります。デザインにおいてモデュールに必ず従う必要はありませんが、ボリューム検討の際には効果的です。

ブロックプランを考えるには、まず適当なスケール（住宅なら100分の1）の敷地図を用意します。敷地の輪郭線だけでなく、方位、周辺の道路や隣家など、周辺の情報も必ず描いておきましょう。次にスタイロフォームなどで、各室＝単位空間のブロックをつくります。住宅の場合、高さは3m程度、平面形は単純な四角でかまいません。このブロックを敷地図の上で自由に動かしながら、積み重ねたり、時には削ったりして、敷地の情報をにらみつつ、道路から玄関までのアプローチ、庭の位置、日照や通風、家族・個人・作業空間といった各ゾーンの近接や分離などを検討していくのです。いくつか良い案ができたら、真上から各階の構成をデジカメに撮っておきましょう。写真をプリントすれば、お手軽なブロックプランのでき上がりです。

次は、写真の上にトレーシングペーパーを広げて、必要な機能や動線、ほしいかたちを描き込んでいきます。ある程度進んだら、今度はそれを平面図としてまとめてみます。このように立体と平面を行ったり来たりしながら、次第に空間のイメージを固めていくのです。エスキスには欠かせないブロックプランに、皆さんも挑戦してみてください。

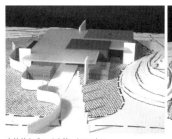  

立体的なブロックを使ったエスキス

> KEYWORD
> 住宅の機能
> 生活の寸法
> 実作の紹介

「生活の寸法感覚」を身につけよう

1 「住宅の機能」を考える

私たちは住宅を構想するときに、何を手掛かりに設計を始めるのが良いでしょうか?
外観のデザイン? それとも必要な部屋の数?
これらは皆、考える必要があることばかりですが、近代建築の父と呼ばれる建築家、ル・コルビュジエがかつて「住宅は住むための機械である」と表現したように、まず初めに「住む」とは何か、言い換えれば、私たちは住宅で「何を」「どのように」行っているのか、を考える必要があります。
食事をする、料理をする、くつろぐ、眠る、身だしなみを整える、入浴する、排泄するといった行為は、ほぼ全ての住宅で行われていることです。たとえどれほど豪華でも、これらが気持ちよく行えない家は、良い家とは言えないでしょう。この他にも、読書をする、テレビや映画を見る、宿題をする、工作をするなど、余暇や学習、趣味にまつわることもあり、来客が多い家族にとっては、接客のための場も必要です。生活にまつわるこのような行為(こと)のためには、住宅にはどのような「寸法」が必要なのでしょうか?

2 「生活の寸法感覚」を身につけよう

右ページの図1は、筆者が設計した住宅「つくばの家」の平面図です。この章では、この住宅を一つのケーススタディとして、生活に必要なさまざまな寸法を考えていきましょう。
この住宅は、敷地面積約250㎡、南東側が道路に面した角地に建っています[図3]。建物は2階建てですが、将来のバリアフリー化を考慮し、基本的な生活は1階で全て行えるようになっています。
建物には、図面向かって右側、東側道路の中央付近から入ります。玄関には道路側から入る扉のほかに、車庫からも直接家に入ることができるよう、もう一つの扉が設けられています。

- **玄関**

図面を追って、家の中に入りましょう。玄関まわりの空間の大きさ、扉の幅など、図面にスケールを当ててチェックして下さい。日本の住宅は一

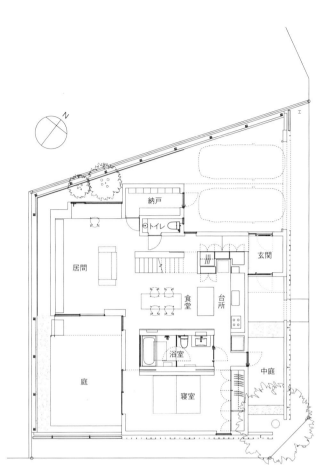

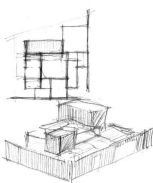

図2　初期のスケッチ。大小さまざまのボックスを道路沿いのスクリーンが囲む構成

図3　外観。ところどころ透けたスチール製のスクリーンから、室内の明かりが街路にもれる

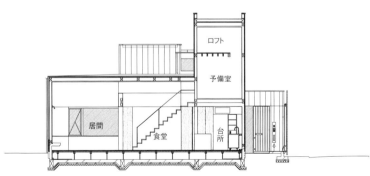

図1　「つくばの家」1階平面図・断面図　S＝1:200

10章　「生活の寸法感覚」を身につけよう

左・図4　玄関から居間に続く廊下。左側に靴・コート類の収納が並ぶ
右・図5　食堂(手前)と居間(左)。居間の奥に造り付けのデスクがある

一般的に、家の中では靴を脱いで生活するので、玄関の近くに靴棚が必要です(図4)。この家では、玄関から居間に向かう廊下に沿って、奥行きの異なる3箇所の収納がありますが、ここで大切なのは収納するものによって適切な奥行きは異なるということです。例えば靴棚とコート掛けでは、それぞれ40cm、60cm前後が適切な奥行きで、それ以上でもそれ以下でも使いにくくなります。

- 居間

廊下を西にまっすぐ進むと居間(リビングルーム)があります。居間はくつろいで過ごす場所として、またあるときは家族が共に過ごす場所として使われます(図6)。特定の目的を持たないという意味では、居間は住宅にとって必ずしも必要な部屋ではありませんが、個室を広くとるよりも皆で使える広い居間がある方が、家族のコミュニケーションは濃密になります。この住宅の場合、居間はテレビを見たり音楽を聴いたりするだけでなく、家で仕事をするための書斎コーナー(造り付けのデスク)も、北側の小さな庭に面した窓の前に備え付けられています(図5)。

- 食堂

居間に隣接して、食堂(ダイニングルーム)があります。この住宅では、南側の高窓から自然光が入る食堂は文字通り家の中心に位置していて、この場所で共に食事をすること、すなわち「共食」が、家族にとって大切であることが表現されています(図7)。

食堂の中心に置かれるのは、もちろん食卓(ダイニングテーブル)です。ダイニングテーブルの大きさは、どれくらいが適切でしょうか? 一般的には、長方形なら長さ1.6m、幅0.9m位が4人掛けテーブルに必要な大きさですが、例えば長さ2m、あるいは3mに近いテーブルや奥行きの大きな

図6 居間。右側にテレビ台を兼ねたコンクリート製のベンチがある

図7 食堂。家の中央に位置し、南側の高窓（右上）から自然光が入る。奥に食堂と一体のオープンキッチンがある

写真(p.95〜p.98)＝吉村昌也

テーブルも、堂々として気持ちが良いものです。大きなテーブルは単に食事をするだけでなく、子供が宿題をする横でお母さんが仕事をするなど多目的に使うことができ、家族全員がテーブルを囲んで作業する「家の中心」となることでしょう。この住宅では、テーブルで本を読んだり、書き物をしたりできるように、食堂の壁に造り付けの棚が備えられています。食堂の広さは、単にダイニングテーブルを置けば良いというものではありません。生活のさまざまな場面を想像して、部屋の幅や広さを考えていきましょう。例えば、座っている人の後ろを通るためには、テーブルから

壁までの距離は0.9m以上が必要です。

- 台所

次に、台所(キッチン)を見ていきましょう。この住宅の場合、台所は食堂と同じ空間の一部に備え付けられています。台所が独立した部屋になっている場合に対して、この住宅のような作り方は「オープンキッチン」と呼ばれます。オープンキッチンの住宅は、調理をしながら食堂・居間の家族と会話ができるので、家族のコミュニケーションが取りやすくなりますが、その一方、台所が居室から常に見えてしまうので、食器や食材のストックで乱雑に見えないよう、収納棚の計画を注意深く行う必要があります。台所は食事を作るための「作業場」です。キッチンカウンターには、流し(シンク)やコンロ(クックトップ)だけでなく、食材を切ったり盛り付けたりするためのスペースが必要です。冷蔵庫や食材置場(パントリー)から、流し、作業スペース、コンロまでの一連の調理の流れを考慮して、カウンターの配置や長さを決めなければなりません。一人暮らしのアパートなら、キッチンカウンターの長さは1.5〜1.8m程度でも良いのですが、家族のためのキッチンなら、カウンターの長さは2.1m以上が望ましく、3m程度あれば、余裕を持って調理できるでしょう。この住宅のように、キッチンカウンターの背面に作業台がある場合、カウンターと作業台との間隔は、背後を通る人、振り返っての作業などを考慮すると、90cm前後が適切と言われています。

図8 浴室。天井の中央に開閉可能な天窓がある

このような一つ一つの寸法は細かなことに思えるかもしれませんが、「作業場」であるキッチンでは特に、カウンターや吊り戸棚の高さ・奥行きはどの程度が適切か? など、日々の生活で使いやすい寸法を身につけるために、こうした人間工学に基づいた寸法が重要です。

それでは、台所からさらに家の奥に進みましょう。

- 浴室

台所の南側には、洗面脱衣室と浴室(バスルーム)があります。日本では、最も標準的な浴室は1.8m×1.8mの柱芯間隔に入る大きさ(1坪サイズ)で、これより小さい場合には、浴槽・洗い場の大きさが十分かどうか、注意しながら設計を行う必要があります。浴室は窓を付けて自然換気できることが望ましく、この住宅の場合も、壁には窓がありませんが、開閉できる天窓を設けることによって、自然換気が可能なように配慮されています(図8)。浴室に連なる洗面脱衣室も、洗面カウンター・便器・脱衣スペースなど、それぞれの場所で行う行為を考え、十分な大きさを確保して下さい。

- 寝室

さらに南に進むと主寝室があります。寝室で大切なのは、もちろんベッドや布団の寸法で、これらは人間の体から大きさが決まっています。ベッ

ド・布団の長さは2m強、幅は一人当たり0.9〜1.4m程度で、ベッドの横・足元側には、人が通るための幅を考慮する必要があります。この住宅では、主寝室の中に洋服の収納棚(クロゼット)があります。クロゼットの奥行きはコート掛けと同じように60cm前後が適切で、また、クロゼットの扉が開き戸ならば、収納棚の前に扉が開くための空間がなければなりません。

ベッドではなく、布団で就寝する寝室の場合には、布団を収納するための収納(押し入れ)が必要です。押し入れの奥行きはクロゼットのよりも大きく、90cm前後が適切なサイズです。

3　「生活の寸法感覚」が、住宅のデザインを自由にする

ここで紹介したいくつかの部屋の他にも、住宅にはトイレや納戸、書斎などがありますが、大切なことは、それぞれの場所の寸法は単に「何畳の広さが必要か?」ということではなく、その場所に置かれる家具や人の動きによって決まる、ということです。例えば納戸なら、部屋の広さよりも、収納棚を置ける「壁の長さ」が重要なのです。このように、日々の暮らしの場である住宅には「生活に必要なさまざまな寸法」が存在します。

今回紹介した「つくばの家」は、あくまで一つの事例です。例えば独立した台所を持つ家、衣類収納室(ウォークイン・クロゼット)を持つ家、趣味や作業のための土間を持つ家、そして居間のない家など、家族のあり方、敷地の大きさなどに応じて、他にもさまざまなケースが考えられるでしょう。住宅の平面計画にはバリエーションがあり、また、私たちの生活も時代によって変化するため、「これが正しい」という教科書のようなプランは存在しないのです。

その一方、この章で書いてきたような「生活の寸法」が確保されていなければ、きちんと機能する住宅にはなりません。日々の生活で使いやすい寸法を身につけるために、建築家を目指す人は必ず、日常的にメジャーを持ち歩き、気になった寸法(高さ・長さなど)を測る習慣を身につけて下さい。

これは言い方を変えれば、私たちが生活する上で必要な寸法、つまり「生活の寸法感覚」を身につけることができれば、それ以外の寸法、例えば天井の高さや居間の大きさ、全体の平面計画、仕上げ材料などは自由に考えられることを意味します。「生活の寸法感覚」によって、住宅のデザインはより自由になり、そこには無限の可能性が開かれているのです。

ランドスケープを考えよう

KEYWORD
コラボレーション
原風景
SPACE
SURFACE
ATTRACTOR
アクティビティ
コンテクスト
土地区画整理事業

従来、ランドスケープの設計は、それを職能とするランドスケープ・アーキテクトとのコラボレーション(協働作業)でなされるべきです。これは、建築の外部の設計は他人に「任せる」という意味ではなく、その職能の専門家と意見を交えながら、協働してつくり上げるべきだからです。互いに意見を出し合うことで、1+1＝2以上となるデザイン思想を生み出すのが、コラボレーションです[図1]。ここでは、ランドスケープ・アーキテクトの設計プロセスを追体験することで、建築家として、どのように外部空間を理解し設計するべきか、そのためのエッセンスをまとめてみました。

図1　コラボレーションの勧め

1　住宅の外部空間のあり方

ランドスケープのデザインと聞くと、樹木の配置をイメージする人が多いかもしれません。確かに樹木は、ランドスケープデザインにとって重要な素材の一つですが、樹木に関して頭を使うのは、外部空間における設計プロセス全体のほんの一部だけです。それでは、その他に何を考えて設計しているのか、お話ししましょう。

まず住宅の外部空間のあり方を考える前に、商業空間や公園などの公共空間を設計する時との違いについて、比較してみましょう。例えば商業空間であれば、その利用者は、近くで働くサラリーマンであったり、買い物にきた家族であったりと、非常に多様な利用者を想定する必要があります。それらの利用者は、その場所を永遠に利用するのではなく、仕事の合間にちょっと通過しただけで、二度と利用しないかもしれません。ところが住宅の庭の場合であれば、そこで生まれ育つ子どもがいるかもしれません。いつかは親から巣立つであろう子どもたちにとって、住宅の庭は、家族との思い出の空間として、一生忘れることのできない重要な場所となるでしょう[図2]。

図2　商業空間と住居空間の違いを考える

住宅の外部空間は、商業空間のような公共性が求められない代わりに、そこで暮らす家族全員の生活を豊かに、そして思い出深いものに育てるための機能が求められます。そのためには、住宅として計画する建築の機能との関係、そして敷地周辺の環境とのかかわり方について、より深い洞察力が必要となります。

2 外部空間設計の「作法」と「手法」

自分で住宅の庭を設計することを、想像してみてください。どんなことを考えますか。噴水をつくろうとか、サクラを植えようとか、ベンチがほしいなあとか、直接、目に見えるモノを考える人もいれば、リラックスできる庭にしたいとか、家族が仲良く暮らす空間がいいとか、目に見えない抽象的なコトを目標にする人もいると思います。ここで重要なのは、モノとコトの順番なのです。どのようなコト(状況・体験)をつくり出すかを考えないでモノを設計すると、それは単なるオブジェにしかなりません。利用者がどのような状況で、どんな体験をすることで、心にどう響くかが重要なのです。そのために、どうするべきかを考えることが外部空間を設計する時にもっとも大事なことなのです。

ここでは、住宅の外部空間を設計するにあたって、どのようにコトを考えるかという「作法」と、そのためにどんなモノを設計するべきかという「手法」に分けて説明しましょう。

3 「作法」としてのアクティビティの創出

住宅の外部空間は、家と街をつなぐための空間です[図3]。もう少し詳しく言い換えると、家のアクティビティと街のコンテクストをつなぐための媒質(media)であるといえます。また別の見方をするなら、住むという行為と自然環境を関係づけるための道具かもしれません。外部空間には、生活を便利にするためのテレビやパソコンはありませんが、その代わりに、匂い、音、風、四季の彩り、光の変化など、少しの間座っているだけで、多くの環境の変化を体験できます。これらの要素を組み替えて、人生のストーリーを創造することをランドスケープデザインといいます。もちろんその中には、玄関先でお客様を迎えることや、庭で家族が語らうことや、子どもが元気に走り回るといった機能について考える必要はありますが、もっと重要なコトは、いくら都市であっても、屋内では感じることのできない自然を楽しむことです。

では自然を楽しむためには、どうすれば良いのでしょうか。樹木を植える

図3 家と街をつなぐ空間としての庭

パブリックアートとしての街角の遊具(「サンダイアル」横浜市黄金町／9章内の作品はすべて筆者設計)

コミュニティをつくり出すバーベキューコーナー(「平塚の庭」神奈川県平塚市)

ことも必要かもしれませんが、もっと重要なのは、普段の生活で気付かないような、ささいな自然の状況の違いに気付くキッカケをつくることです。これを「見えないモノを可視化する」とか、「顕在化する」と表現する設計者もいます。日常生活で、本当は見えているのに、意識していない自然の動きや状況の変化に気付くことこそが、住んでいる場所を好きになる第一歩であり、都市に暮らす意義かもしれません。

もちろん座っていても、鳥の声は聞こえるし、風の動きも感じられますが、それだけでは、思い出にはなりません。空間、時間、仲間の三つの「間」が揃って初めて、ストーリーが始まるのです。設計者に任されるのは、その中の空間だけだと思われがちですが、建築や周辺の街、そして庭の設計を通して、時間の過ごし方や仲間との交わり方をも設計する意気込みが、素晴らしい住環境を創造します。

4 「手法」としての三つのカテゴリー

外部空間の設計要素を、思考の順番に列挙すると、1）SPACE（空間の構造）、2）SURFACE（表層の質）、3）ATTRACTOR（行為のキッカケ）の三つのカテゴリーに分けられます。

第一段階の「SPACE」は、人間の身体でたとえると「筋肉」にあたります。骨格や筋肉がしっかりしていれば、和服を着ても洋風の装いでも、状況に合わせて臨機応変に対応できるものです。外部空間の設計も、この段階をしっかり考えることで、その次の段階で「洋風」であろうと「和風」であろうと関係なく、素晴らしい空間をつくり出すことが可能となるのです。具体的には、建物の外壁から隣地境界線や道路境界線までの間の空間の構造を考えることです。この空間において、どのような体験をつくり出すべきかを考えるのです。この時に重要なことは、外部空間と建築の内部空間を等質に検討することです。建物を先に設計し終えてから、後でまとめて庭を設計したのでは、建築の内部と外部の空間が一体となったハーモニーは生まれないのです。建物の外壁の位置や窓の大きさを決めた段階で、外部空間の設計の半分は終わったといえま

「自然との対話」（「座間の庭」神奈川県座間市）

地形で遊ぶ（「府中の森」府中市と小金井市）

図4 建物の形状で庭の質は決まる

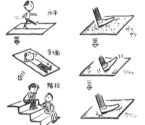

図5 SURFACEの形状と素材

す。それほど建物の形状が庭などの外部空間の質に与える影響が大きいのです。狭い庭を広く見せたり、居室と一体となった庭を考えたり、夏涼しく冬暖かいリビングルームを考えたりする時、部屋の内部だけでなく外の空間を同時に設計することで、より豊かな生活環境がつくり出されるのです[図4]。

第二段階の「SURFACE」は、筋肉の上にまとう「衣服」のようなものです。具体的には、地面が空気に接する部分の形状と素材です。空間を取り巻く形状と素材は、視覚や嗅覚に刺激を与えるだけでなく、生活の機能をスムーズに実行させる重要な要素であるため、慎重に計画する必要があります。例えば、階段の段差が高かったり、表面素材が滑りやすければ、歩行時に危険なことは誰もが想像できることです。これらすべては、SURFACEの形状と素材によって規定されるのです。地面の形状が段々になっていることを階段と呼んだり、斜めになだらかに続いていることをスロープと呼んだりするのです。また、階段より段差が大きくなると、座ったり、飛び降りたりできるようになります。また、この表層部分を軟らかくしたりシットリさせたい時には、表層を芝生にすればいいかもしれませんし、歩くために硬くしたい時は、コンクリートにしたり、タイルを貼って、お化粧したりします。常に空間を誰がどのように使うかを考えながら、SURFACEの形状と素材を決める必要があります[図5]。よく「和風にしたい」とか「いや、私は洋風が好き」とか聞きますが、どこかで見たことのあるようなデザインをコピーするのではなく、敷地における空間の質をよく考え、「その場」に適した空間を提案することこそが、ランドスケープデザインの醍醐味なのです。

第三段階の「ATTRACTOR」という言葉には、「引きつけるもの」という意味があります。しかし、外部空間の設計においては、人の目を引きつけることを目的とするより、何かのキッカケをつくり出す視覚的なオブジェと考えるべきです。いうなれば、最小限の操作で最大の効果をつくり出す、外部空間における宝石のようなものかもしれません。例えば、疲れた身体を重力から解放させるオブジェを椅子と呼びます。ブランコのような遊

遊びのキッカケをつくるエントランス(「西船橋の公園」千葉県船橋市)

街角に彩りを添えるオブジェとしての風景(「柳沢の壁」東京都西東京市)

具は、高速で地表面すれすれを滑るスリルを体感する道具といえるかもしれません。また、目に見えない自然の動きを可視化するために、竹を植えたりするのも、ATTRACTORと考えていいでしょう。すなわち、日常生活において、見過ごしてきた自然の素晴らしさなどに気付いたり、自分自身が、人間として地球上で生活していることを再認識するキッカケとなるようなものと考えることができます。

これらの三つのカテゴリーは、お互いに干渉し合って緩やかに分類されるので、決して一つの要素が一つのカテゴリーだけに分類されるのではありません。例えば、レベルの違う二つの空間をスムーズに移動するためのスロープは、SPACEの重要な要素ですが、雨水を排水桝に流すためのスロープ(雨水勾配)であればSURFACEの一要素といえます。またそこに座って、景色を眺めることを目的にするのであれば、スロープでもATTRACTORとなりえるでしょう。このように、同じ構造物でも目的によって、設計時の着目点が変わるのです。

5 SPACE（空間の構造）の設計

住宅の外部空間に限って考えると、「囲む」、「開く」、「つなぐ」がSPACEを考える三大要素といえます[図6]。この三種類のスペースを、壁、床、屋根に代わる素材を使ってつくり上げるのです。床に関しては次のSURFACEで触れるので、ここでは壁と屋根についてお話ししましょう。

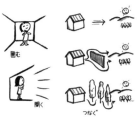

図6 「囲む」、「開く」、「つなぐ」

住宅の外部空間を構成するもっとも重要な壁は、建物の外壁です。住宅の内部空間を設計する時、建物の外壁が外部空間を構成する重要な要素であることを意識する必要があります。この外壁と隣地境界線との間の空間が設計する対象となるわけですが、隣地境界線を移動することは許されないので、おのずと建物の外壁の位置や形状を変化させることで、敷地の特徴を最大限に体験できる外部空間を計画しなければなりません。建物の外壁の次に重要な壁は、隣地境界線と道路境界線です。これらの境界線には、一般的にフェンスを立てたり、生垣を植えたりしますが、重要なのは、敷地の外部と敷地内のアクティビティとの関係を再検討することです。景色がいい所なのか、敷地の外から覗かれる可能性があるのか、泥棒が侵入してきそうな敷地なのか、北風を防ぐ必要はないのかなど、敷地の内外の関係を十分検討して、素材の種類と高さを決めます。

次に考える壁は、庭のアクティビティの舞台設定となります。庭でどのような行為が展開されるのか、道路から玄関までの風景をどうやって印象深くするのか、建物の周囲にどのようなシークエンス（連続する風景体験）をつくり出すのか、そして建物の中から見える景色はどうあるべきかなど、そ

の敷地の中での生活をストーリーと考えて、外部空間を壁で切ったり、つないだりします。また壁を使って通過する空間をわざと狭く設計することで、連続する次の空間を広く感じさせることができます。このように、人が移動することによって、どのような心理的な変化が起きるのかを考えることが重要です。

建築で屋根にあたる要素を、ランドスケープデザインでは、樹木を使ってつくり出します。例えば、太陽を遮るためには高木（樹高3.5m以上）を植栽します。夏の間、涼しい木陰をつくり出し、冬には暖かな日光浴を楽しみたい場合には、落葉樹を植えます[図7]。しかし落ち葉は、住宅の樋を詰まらせる一因となったり、近所に迷惑となったりするので、細心の注意が必要です。また近くにマンションなどの高い建物があり、そこから家の中を覗かれる可能性がある場合は、冬でも葉の落ちない常緑樹が適当かもしれませんし、逆に敷地内から見せたくないものが敷地の外にある場合、高木を植えることで視線をコントロールし、意図的に敷地の外にある美しい風景を体験することができます。これは借景と呼び、昔から行われてきた日本庭園の設計技術です。

昔の日本家屋では、庭は北側につくりました。それは、建物の中から眺めるには、日光が明るく庭を照らし、きれいに見えたからです。しかし現代の外部空間に求められているのは、見て楽しむだけでなく、生活する人が実際に庭に出て活動することですし、建物の内部と外部の空間が連続的につながることで、生活がより素晴らしくなることです。このことをよく考えて、外部空間の構造を建物内部と一緒に考えることが重要なのです。

6　SURFACE（表層の質）の設計

SURFACEの要素は、「形状」と「材質」です。形状とは、SPACEをつくるための材料として挙げた床の形状です。床の二次元的広がりと三次元的な高低差が、SURFACEで取り扱う形状です。外部空間における床とは地面のことです。地球上の地面に完全な水平はありませ

図7　落葉樹と住空間

自宅の入口で自然に触れる（「平塚の庭」）

いろいろな遊びを生み出す砂場（「海老名の公園」神奈川県海老名市）

ん。水平に見える地面でも、雨水を排水溝へ流すために、必ずどちらかに傾斜しています。この雨水の流れを考えることが、外部空間におけるSURFACEの基本です。地球環境のことを心配するなら、敷地内に降った雨水は、下水道や河川を通して海へ流すのではなく、敷地の土壌に浸透させるように工夫すべきです[図8]。また、普段あまり気にならない雨水勾配でも、もっと傾斜が急になると、それは座るキッカケとしてATTRACTORとなるかもしれません。また高低差が大きくなってスロープでは収まらない時は、擁壁と呼ばれる段差を付けたり、階段を設計したりする必要があります。これらは地面のレベルを考えて機能的に必要な要素かもしれませんが、このような施設が庭の活動をより楽しくすることもあります。座ったり、寝転んだり、飛び降りたりと、平地では起こりにくい行為を生むために、意図的につくり出された空間のズレとして設計したいものです。

また床を構成する材質としては、軟らかいか硬いかだけではなく、歩くと音が鳴ったり沈んだりするものもあるし、風が吹くと揺れるような床の素材も植栽を使えば可能となります。このように、コンクリートやタイル、レンガ、石といった通常の床材料だけでなく、その場所で想定する体験に合わせて、地被植栽や砂利、水面などダイナミックな素材を使って、床のデザインを考えたいものです。

図8 可能な限り雨水は浸透させる

7　ATTRACTOR（行為のキッカケ）の設計

ATTRACTORは、行為のキッカケとなるものです。ホームセンターに行けば、ベンチや植木鉢、ウッドデッキに遊具…と、庭に並べるためのモノがところ狭しと並べられています。これらをただ並べるだけであれば、デザインとはいえません。例えば、ベンチは座るための道具ですが、「身体を預ける」という行為を誘発するのが目的であれば、決してベンチを買ってくる必要はありません。前述した地形の段差やスロープでも座るキッカケとして機能することができますし、住宅のテラスと庭とのレベルに差があれば、座りたくなるものです。このように、まずはどのような行為をつ

街角に新たな夜の風景をつくり出す（「亀有の庭」葛飾区亀有）

大人の空間と子ども空間が混在する中庭（「多摩境の庭」町田市多摩境）

図9　風の動きを見る。風の音を聞く

くり出すべきかをよく考えた上で、ATTRACTORをデザインします。植栽もATTRACTORとなりえます。例えば、竹の葉が風で揺れるのを見たり、葉音を聞いたりすることで、見えない風を目や耳で確認することが可能になります[図9]。このような自然に対して「気付く」キッカケも住環境を豊かにする重要なポイントです。また噴水であれば、水の流れを見て楽しむだけでなく、敷地の外の騒音を消すことによって、庭の回遊を心地良いものにしたり、部屋の中から聞く水音が、人の心を外部空間に誘うこともあります。SURFACEとして説明した床を砂利敷きとすることで、都市では体験できない歩行体験が音と感触によって可能となります。その結果、日常的に硬い舗装の上を革靴で歩いている人であれば、地球と人間の新しい関係に気付くかもしれません。他にもATTRACTORとなりえる施設として、遊具、シェルター、照明、池、橋など無限にありますが、住宅の内部から続く空間体験のストーリーを考えながら、何かに気付くキッカケをつくり出したいものです。

8　住環境のランドスケープデザイン

今まで、決められた敷地内における外部空間の設計について、概要を説明してきましたが、これらはあくまでも「対処療法的」な設計指針でしかありません。本質的に住環境を良質なものとするためには、敷地の形状からデザインするべきなのです。ランドスケープデザインが始まったアメリカでは、土地の区画形状を設計することはランドスケープデザインの重要課題であると認識されており、ランドスケープ・アーキテクトが土木技術者とコラボレーションすることで素晴らしい敷地環境をつくり出しています。一方、日本はというと、効率重視の土木設計によって、道は真っすぐ、敷地は長方形というのが定番となっているのは周知の事実でしょう。これでは、地域の特徴を活かした街の景観や、豊かな生活環境は創出できません[図10]。素晴らしい生活空間をつくり出すことで、そこで育つ子どもたちに豊かな人生のバックグラウンドの提供を考えることが、これからの建築家の努めと考えて、積極的に敷地の外部に働きかける必要があります。そのためには、土木技術者との綿密な協議が必要であったり、街づくり活動のリーダーとして地域の住民に、将来の街のあり方について、正しい進路を指し示すことが求められます。外部空間を設計するということは、敷地内の庭を設計するだけでなく、このような広い視野を持つことから始めることが重要なのです。

図10　等高線の曲線を活かした街のデザインとは？

プレゼンテーションしよう・1
図面のテクニック

KEYWORD
建築図面の約束事
CAD
3Dモデリング
レンダリング

1 建築図面の約束事

建物の設計で必ず描くのが配置図、平面図、断面図、立面図の4種類の図面です。他に矩計図、詳細図、伏図、展開図などもありますが、この4種類は基本図面といって、どんな建物でも必ず描かなければならない図面です。これらの図面は本来三次元の立体的なものである建物を二次元で平面的に描き表したものです。図面を見る人は、これらの図面の相互関係を把握して、本来の建物の三次元的な構成を読みとらなくてはなりません。

図面には、建築図面に限らず、線の太さや線の種類(実線や破線、点線など)に何を表しているかの約束事があり、その組み合わせ方にも約束があります。この約束事に従っていない図面は他の人が見た時、内容を読みとることができません。では、建築の図面についてお話します。

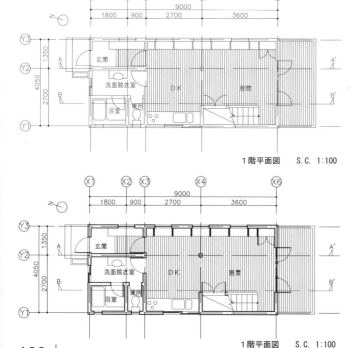

図1 同じ線で描いた平図面
図2 線を使い分けた平図面
*図1、2は、1/100で描いた図面を縮小しています。

1-1 線の使い分け

図1と図2は小さな住宅の平面図です。図1は、図面全部が同じ線で描かれていてわかりづらい図面ですが、図2は建築の図面を知らない人でも、なんとなくどこが壁でどこが出入口や窓なのか、どこが建物の内部でどこからが外なのかがわかる図面になっています。この違いは、壁や窓などが太い線で描かれ、床板やベランダ、流しなどが細い線で描かれているからです。

建築図面の約束事は、それほど難しいものではありません。直感的にわかるようなことが大部分です。表1は、よく使われる線種と線の太さの用途についての約束を一覧表にしたものです。線の太さは太線、細線、その中間の中線の3種類とされています。実際の図面では、太線、中線、細線それぞれを見分けられる範囲で何段階かの太さの線を使用して、図面をより見やすく(読みとりやすく)しています。

1-2 縮尺による表現の違い

もう1度、図2を見てください。出入口や窓の部分に注目すると、壁に穴を開けて直接扉や窓を取り付けているように見えます。しかし、日常目にしているドアや窓は、そのようにはなっていません。実際のドアや窓には、必ずドア枠や窓枠といわれる枠がついています。壁に枠を取り付けて、その枠に扉や窓を取り付ける構成になっています。では、なぜ図2はこのような描き方をしているのでしょうか。

図面は尺度に応じて、実際の構成を忠実に縮小して描くのが原則です。しかし、図2は1/100の図面です。ドア枠などは厚さが30～50mm程度なので、1/100で描くと0.3～0.5mmになってしまいます。これを切断面を描くための太線で描いたら、真っ黒につぶれて、何を表しているのかわからなくなってしまいます。これでは困るので「表示記号」という

表1　線の種類と用途

線の種類	線	線の太さ	用途
実線	太線	0.3～0.5mm	平面図や断面図などで図面上重要な線に使用する。地面の切断線(G.L.)や建物、部材の切断部を示すために使用する。
	中線	0.1～0.3mm	立面図や伏図などで建物の外形(外から見えるかたち)を表す時に使用する。
	細線	0.2mm以下	平面図や断面図などで切断部以外の見えている部分を表現する時に使用する。また、寸法線や寸法補助線、引出し線などにも使用する。
一点鎖線	—・—・—	中線	建物の各部の位置を決める時に基準となる線(柱の中心を結ぶ線や壁の中心線など)を示す時に使用する。
破線	- - - - - -	細線または中線	実際には見えない建物の部分や部材を表示する時に使用する。建築の工事には含まれない家具や機器の配置を表すためにも使用する。
ジグザグ線	∿	細線	階段などを途中で切断して表現する時に切断位置を示すために使用する。また、詳細図などで途中を省略し、その間の距離を縮めて表現する時にも使用する。

約束事に従って表示しているわけです。1/50、1/20と縮尺が大きくなるに従って、より細かなところまで表現するようになります。表2にドアを例として、1/100から1/20程度の図面での表現の違いを例示します。1/10や1/5の図面では、補助部材や枠の面取りまで細かく表現します。

▪ 1-3 配置図

配置図は敷地と建物を上空から見下ろした図です。配置図は建物が敷地のどこに建っているのかを示すだけではなく、敷地の入口から建物に至るまでの状況、庭の計画、車はどこに止めるのか、サービスヤードはどこか、そして敷地外の音や視線にどのように対処しているのかなど、建物と外部の関係を表現する大切な図面です。

配置図では建物を屋根伏図で表します。屋根伏図は中線で、その他の道路や庭の計画などは細線で描きます。特に庭の計画は配置図できちんと全体を表現します。配置図には方位を必ず記入します。

▪ 1-4 平面図

平面図は建物を水平に切断して上部を取り去り、真上から見た図です。切断する高さは通常、床から1〜1.5m程度とするのが約束事になっています。この程度の高さで切断すると、大抵の窓や出入口が切断されて、採光、通風、眺望や屋内と屋外の関係、建物を使う人の動きなどが把握しやすいからです。高窓や地窓などがある、高めの手すりがある、

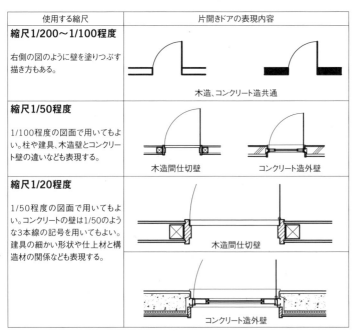

表2　縮尺による表現の違い

特に表現したいものがある場合は、切断高さを全体的、または部分的に上げ下げすることもあります。切断高さを部分的に変更する場合は、ジグザグ線を使いその部分を明示します。

また、切断部分から下の、見えている（設計上見えるはずの）ものをすべて細線で描きます。床の段差や階段、窓台、造付けの家具など、さらに外部のテラスや出入口の階段、図面に入る範囲の庭などをすべて表現します。タイルや床板も正確に表現します。2階以上の平面図の場合は、下の階の平面図で表現したものは描きません。ベランダや下の階の屋根などは描きますが、庭や吹抜けから見える下の階の様子などは描きません。1/100程度の図面では細かすぎて表現しきれないものは省略して、主要なもの（階段、造付けの家具、段差など）のみを表現することもあります。平面図は北が上になるように描きます。ですが、正確に北が上になるように建物が用紙に対して斜めになるような描き方をする必要はありません。もっとも北を向いている壁が、用紙の上辺に平行になるように描けばよいのです。建物の形状により、上を北にして描くと用紙に入りきらないなど不都合がある場合は、左を北にして描きます。平面図には部屋名を必ず図面の中に記入します。また、方位も記入します。

▪ 1-5 断面図

断面図は建物を垂直に切断して、真横から見た図です。断面図は建物の垂直方向の構成を表す重要な図面です。開口部や階段、吹抜け、平面図では表現しきれない垂直方向で変化のある部分などで切断します。決して描きやすい位置で切断してはいけません。切断位置は、平面図に細線の一点鎖線で見ている方向とともに明示します[図2]。

切断位置には大切な約束事があります。それは、柱や壁の長手方向を切断するような位置は避けることです。図3のA-A'断面図を見てください。この図では、切断部分をグレーにしてあります。部屋のなかほどに間仕切壁があって、北側には正体不明の大きな物体があるように見えます。柱と壁の位置で切断したためです。図4のB-B'断面図のように切断位置をずらして、建物の空間構成がわかるように表現するのが正しい断面図の描き方です。

平面図と同様に、断面図には切断部分だけではなく、その奥に見えている（設計上見えるはずの）ものをすべて細線で描きます。窓やドア、造付けの家具などすべて描きます。断面図には必ず地面の切断線（グランドライン＝G.L.）を太線で描きます。また、部屋名も記入します。

▪ 1-6 立面図

立面図は建物の外観を真横から見た図です。通常は東西南北の4面を描きます。ですが、正確に真北や真東から見て、建物を斜めから見た

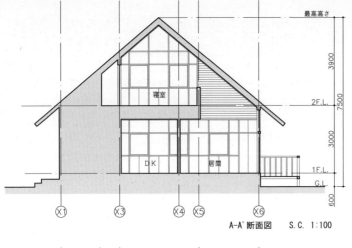

A-A'断面図　S.C. 1:100

B-B'断面図　S.C. 1:100

図3　良くない断面図
図4　正しい断面図
*図3、4は、1/100で描いた図面を縮小しています。

図にしてはいけません。もっとも北を向いている面を北立面として、それぞれの面に直交する方向から見た図を描きます[図5]。

立面図は透視図ではありませんから遠近法で描いてはいけません。建物を無限遠から見たように描きます。建物の見えている(設計上見えるはずの)部分はすべて中線で描きます。ずっと奥の方にある壁でも省略してはいけません。手前にあるものは少し太めの、奥にあるものは少し細めの線で描くと立面図に立体感が出てきます。立面図には必ずグランドラインを太線で描きます。グランドラインを描かないと建物が空中に浮いていることになってしまいます。

1-7 寸法の入れ方

建物全体や部屋などの大きな空間の寸法は、それを仕切る壁や柱の基準線間の距離で記入します。通常は柱や壁の中心線が基準線になり

図5 立面図
*図5は、1/100で描いた図面を縮小しています。

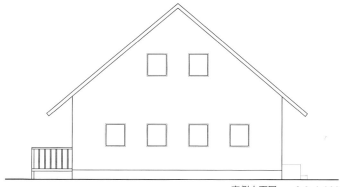

東側立面図　S.C. 1:100

ます。部屋の内法寸法ではありません。

部材の寸法は、その部材を構成している面から面の距離を記入します。そして、その部材の位置を示すために、近くにある基準線からの距離も記入します。表3に平面図と断面図の縮尺と記入する寸法の関係を示します。立面図には寸法を記入しないのが原則ですが、平面図や断面図で表現しきれなかった部分の寸法を記入する場合もあります。

▪ 1-8 図面名称など

図面には必ず図面名称と縮尺を記入します。平面図は建物が2階建て以上の場合は「1階平面図」、「2階平面図」とどの階の平面図かわかるように表示します。立面図は「北立面図」または「北側立面図」などと、どの方向から見たものかがわかるように、断面図は「A-A'断面図」など、どの位置で切断した断面かがわかるように表示します。

表3 縮尺と記入する寸法

縮尺	平面図に記入する寸法など （原則として水平方向の寸法を記入する）	断面図に記入する寸法など （原則として高さ方向の寸法を記入する）
共通	・基準線および基準線番号 ・基準線間の寸法	・断面として表される壁などの基準線および基準線番号
1/100以下	・主要な部屋の寸法	・各階の床高、階高、天井高 ・軒高、最高の高さ
1/50程度	上記に加えて ・開口部の位置と幅寸法 ・部分的に床高さが基準床高さと異なる場合は、「G.L.＋700」などと明記する	上記に加えて ・開口部の位置と高さ寸法 ・基礎高、各階桁天端 ・屋根勾配 ・平面図で表しきれない水平方向の寸法（軒の出など）
1/20程度	上記に加えて ・構造材の寸法 ・主要な部材寸法 ・仕上材の厚さ寸法	上記に加えて ・構造材の寸法 ・基礎の寸法 ・主要な部材寸法 ・仕上材の厚さ寸法

2　CAD

「図面は手描きよりCADで描いた方が楽?」とは、よく聞かれる質問です。CADとは何でしょう。"Computer Aided Design"の略で、コンピュータが設計や製図の手助けをしてくれるソフトのことです。建築業界では10年ほど前から急速に普及して、今ではCADを導入していない設計事務所や建設会社はほとんどありません。

CADでは簡単に直線や円、円弧、多角形（これらをオブジェクトといいます）を作図することができ、オブジェクトを複写したり、移動したり、削除するのも簡単です。他にもいろいろな機能を持っています。いくら消して描き直しても、消し跡は残りません。太線は太く、細線は細く、どの線も同じように印刷されますから、「線の太さが途中で違っている」とか「同じ細線なのにこの線とこの線では太さが違う」、「補助線が強すぎて図面が汚い」などと注意されることはありません。

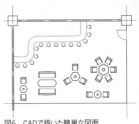

図6　CADで描いた簡単な図面

というわけで、先ほどの質問の答えは「Yes」です。ただし、大事な事柄が二つあります。一つは、CADの習熟です。若い人なら40〜50時間程度の勉強でひと通りの操作を習得できると思いますが、慣れないうちは図6程度の簡単な図面を書くのにも4〜5時間程度かかってしまいます。CADも手描きと同様に描き慣れることが大切です。

二つ目は、これがもっとも重要なのですが、CADは建築図面の約束事を知りません。CADは使う人の指示した通りに作図して、印刷します。自動的に建築図面の約束事に従った図面を描いて、印刷してくれることはありません。CADはきれいな図面を印刷してくれますが、仕上がりがきれいなだけに、図面の約束事を守っていないと描いた人のレベルが目立って、「みっともない図面」になってしまいます。

図面を描く上で大切なことはCADも手描きも同じです。多くの優れた図面を見て、それを描き写し、単に知識としてではなく、図面のありようを体で覚えることです。

3　3Dモデリング

これから、AutoCADを使用した3Dモデリングについてお話します。三次元の作図機能を使って、建物などの三次元物体を作成することを3Dモデリングといいます。単にモデリングということもあります。3Dモデリングには、「サーフェスモデリング」と「ソリッドモデリング」の二つの種類があります。図7は2種類のモデリングの例です。玉ねぎのような物体と立方体を切断してあります。左がソリッドモデルで中身が詰まっています。右はサーフェスモデルで表面しかなく、中はカラッポです。3Dモデリングで作成されたものを3Dオブジェクトといいます。

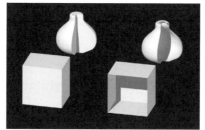
図7 ソリッドモデル(左)とサーフェスモデル(右)

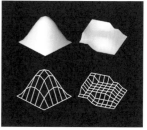
図8 メッシュの例(上:レンダリング時、下:レンダリングなし)

「サーフェスモデリング」は紙を切ったり曲げたり貼り合わせ、壁や床を組み立てる模型に似ています。三角形や四角形の面(サーフェス)を使用して壁や床などを組み立てていきます。当然、壁の中はカラッポなので、壁を切断すると中が見えてしまいます。メッシュという多数の四角形の面で構成された網のようなものは、網の交点(頂点という)を三次元的に移動することで複雑な曲面や地形を表現できます。図7の玉ねぎ型のものはメッシュの一種です。複雑な曲面や地形をソリッドモデリングでつくると非常に手間がかかるため、このような場面ではメッシュが多く使われます[図8]。

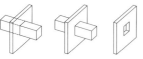
図9 ソリッドの和と差

「ソリッドモデリング」は粘土で板や棒、球などの基本的な部材をつくり、それらを穴開け、切断、接合して組み立てるような感じでモデリングします。壁の中には粘土が詰まっています。あるソリッドから別のソリッドを差し引く穴開けや型抜き、二つ以上のソリッドを接合して一つの複雑なソリッドをつくる合成は、集合論の和と差の概念で行います。図9はソリッドの和と差の例です。

上記、二つのモデリングは混在して使用できます。それぞれのモデリングの特徴をよく理解して、使い分けるのが3Dモデリングのコツとなるでしょう。もう一つコツをお話しすると、最終的な使用目的や出力サイズをよく考えて、どこまで細かくつくり込むか決めることです。一生懸命細かいところまでつくり込んでも出力サイズが小さいと、細部がつぶれてしまい、見にくいものになってしまいます。逆に、住宅程度のオブジェクトをA3サイズに出力する時には、窓枠程度のものはつくり込んでおかないと間の抜けたものになってしまいます。

4　レンダリング

3Dオブジェクトに色や陰影を与えて材質感や光線の具合をリアルに表現する、3Dモデリングの最終段階の操作がレンダリングです。レンダリングを実行する前に、3Dオブジェクトに材質感を与え、光源を設定しなけ

ればなりません。3Dオブジェクトを構成する部材に、本物と同じような材質感を与えることを「マテリアルをアタッチする」といいます。図10は中空の立方体と円筒で構成されたオブジェクトに5種類のマテリアルをアタッチした例です。太陽や照明などの光を自然に表現できるよう、光源は遠隔光源、点光源、スポットライトの3種類が用意されています。遠隔光源は太陽の光で、方位と仰角を設定します。地域と季節、時間を決め、実際の太陽の位置を指定することもできます。点光源やスポットライトは、主に照明器具などで使用します。電球や器具のカバーなどには、透明なマテリアルをアタッチしておきます。

図11を見てください。太陽は9月初旬の10時半前後の位置に設定してあります。車道や歩道、壁、窓などにはそれぞれマテリアルがアタッチされています。もちろん窓のガラスには透明なガラスをアタッチしていますが、完全に透明ではありません。少し透明度を落として、リアリティを出しています。

建物の周りにはたくさんの木があり、車や人もいて、空には雲が浮かんでいます。木や車、人をすべてモデリングするのはものすごく大変です。図12を見てください。図11のレンダリングする前のパースです。建物の周りに四角や三角がたくさんあります。この四角や三角が景観オブジェクトというもので、レンダリングをすると木や車や人になるのです。映画のセットで板にリアルな絵を描いて撮影するのに似ています。空と雲の表現も映画のセットに似ています。レンダリング時に背景として空や

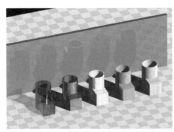

図10 マテリアルの例（左からガラス、磨いた金属、タイル、大理石、木）

図11 レンダリングの例

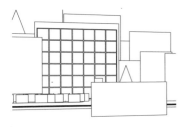

図12 図11のレンダリング前

図13 背景の例

街並み、山などの写真や絵を指定することで遠景を表現します。図13のように窓からの眺望を表現する時にも使います。

上記のような機能を使ってリアルなパースを作成するわけですが、完成までにはマテリアルのサイズ、光沢感、透明度などの調整や光の強さの調整などを何度も繰り返す必要があります。レンダリングをして、調整する。また、レンダリングをする。この操作を何度も繰り返して、完成度の高いパースに仕上げていきます。この過程が面倒でもあり、楽しくもあるわけですが。また、レンダリングは非常に時間がかかります。大きくて複雑なオブジェクトに多数の光源が配置されたパースでは、分単位ではなく時間単位でのレンダリング時間を覚悟した方が良いでしょう。

このようにリアルなパースを作成する作業は、多くの労力と時間がかかる面倒な作業ですが、思い通りのパースが完成した時の喜びもまた格別です。ぜひチャレンジしてください。図14～17は2年生がCADの授業で作成した作品です。

最後になりますが、AutoCADでは、自分で撮った写真をPhotoshopなどで加工して、取り込むことによって、比較的簡単にマテリアルや景観オブジェクトを作成できます。作成したものはライブラリとして別ファイルで保存できます。また背景はレンダリング時に写真を指定するだけですから、良い素材を探して写真に撮り、自分専用のライブラリを増やしていくことをお勧めします。他の人とはひと味違った作品をつくることができます。

図14　学生の作品　教会エントランス夜景

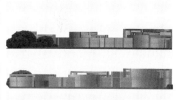
図15　学生の作品　立面図のレンダリング

図16　学生の作品　断面パース

図17　学生の作品　照明器具

プレゼンテーションしよう・2
模型をつくるテクニック

KEYWORD
材料の選択
接着剤
制作用具
カッター使い
止め仕上げ
窓の表現
屋根の収まり
樹木の表現

模型は設計者の意図をもっとも効率よく伝えるプレゼンテーションアイテムです。図面やパースは提案内容を二次元で表現しますが、模型は三次元です。すべての面が総合して表現されるので、図面ではわかりにくい部分や周辺環境との関係がとても理解しやすくなります。また建築の模型が、実物を縮小して模型にするプラモデルと違うところは、設計した建築のイメージが伝わりやすいように、できるだけシンプルに表現するところです。施工精度が高くて見映えが良く、見る人の関心を引く模型は、それだけでもイメージがつくりやすくなります。縮尺1/50を標準とし、出来上がり良く模型を制作するヒントを順を追って説明します。

まず、図面を切り抜きボードなどに貼り付けて切り出し、それを組み立てる簡単な模型[図1]をつくります。それをもとに模型の出来上がりをイメージして「材料の選択」をし「接着剤」を決め、加工する「制作用具」を揃えます。制作は、時間と手間のかかる作業になります。また失敗を防ぎ効率良く仕上げるには、模型制作用に図面を用意することから始めます。

1 材料の準備

- スチレンボードやスチレンペーパー（厚さ1,2,3,5 mm）、もしくはバルサ材（厚さ1,2,3,5mm）
- 模型台のベースは、木製パネルあるいはハニカムボード（ダンボールの加工品、厚さ10〜50mm）など、耐久性があり軽いものを使います。敷地より

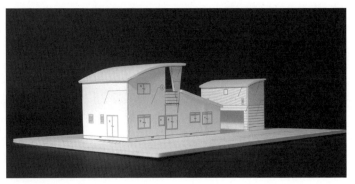

図1　長谷正文設計の住宅を使った1年生のスタジオワークの模型作品

ひと回り大きく、周辺環境が表現できる広さにします。なお、ハレパネも平面図を直張りしてそのまま組み立てられるので簡易に使えます。

- 補助材料……塩ビ板・プラ板・アクリル板［窓ガラスや水の表現材料］、コルク板（1〜10mm）やヒノキ・バルサの角材（2,3,5,8,10,12mm）やサイディング材［テクスチャーの表現］、ゴールデンボード（白色1mm）、ケント紙や色画用紙、ミューズコットンなどの紙類、ペーパーボード（各色1.5mm）［枠・手すり、テクスチャーを表現］、レトラライン、細針金・スポンジ・海綿・ドライフラワー・ヘチマタワシ・カラーパウダー・砂など［芝生や樹木などの材料］、その他、グラビア［人型を切り抜く材料］など。

建物の壁・床には、加工しやすく扱いやすいスチレンボードを使います。発泡スチロール板の表裏を紙でコーティングしたものですが、わずかな反りがあり通常は反り面を裏にします。コンタ模型（等高線を表現する）のように広い面で使う場合は特に注意しないと、前端部が跳ねて隙間ができます[図2]。曲面壁などは反りを読み、使用面を決めます。裏紙を剥がし2〜3mm間隔にスリット状の浅い目地切りを入れると、形成しやすくなります[図3]。

スチレンペーパーやバルサ材も扱いやすい材料です。バルサ材を使う際は、木目や肌理（表面の色調や質感）が揃うように選びます。

2　道具・用具の準備

- カッターナイフ（デザインカッター）、アクリルカッター、目の細かい鋸など
- カッターマット（A3版程度が使いやすい）
- 金尺（30cm×2本）、スコヤあるいは曲尺（差し金）[図4]
- 補助用具としてピンセット、虫ピン（極細）、4つ目錐（細いもの）
- 熱線カッター（高価だが発泡スチロールを切断するには加工性が高い）[図5]

「カッター使い」は模型の精度を左右します。正確な切断をするにはカッターを鉛筆握りで持ち、金尺に直角に刃を沿わせ、やや手前に倒しぎみ

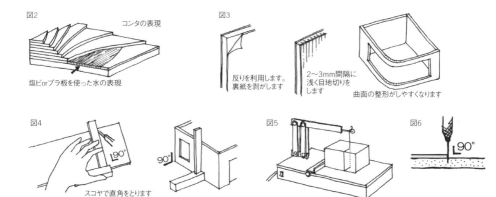

図2　コンタの表現　塩ビorプラ板を使った水の表現
図3　反りを利用します。裏紙を剥がします／2〜3mm間隔に浅く目地切りをします／曲面の整形がしやすくなります
図4　スコヤで直角をとります
図5
図6　90°

に引きます。その際一度で切るのではなく浅く刃を当て2、3度引いて切断するようにします。また切りやすい位置にこまめにボードを動かし常に直角を保つようにしてください。切れ味が鈍ったら迷わず刃先を新しくします[図6]。

3　接着剤

スチ糊、木工ボンド、スプレー糊(仮止め用 [55, 77, 99])、テープ類(両面テープ、ドラフティングテープなど)があり、材料の質によって接着剤を選びます。特にスチレン材はシンナー系の接着剤では溶けてしまうので注意が必要です。また、接着はヘラや適当な端材を使い接着面に満遍なく薄く伸ばして塗り、はみ出ないようにします。定着するまで時間を要するのでドラフティングテープや虫ピンで仮止めをします[図7]。

4　敷地をつくる─配置図を用意

模型台を制作します。木製パネル、ハニカムボードなどの表面に3〜5mmのスチレンボードやスチレンペーパー、コルク板などを貼り、地盤面とします。
敷地のレベル差(コンタ)は、ボードを貼り重ねて表現をします。接道や池などは、コルク板・バルサ材・ペーパーボード・アクリル・塩ビ板などを適宜使って表現します[図2、10]。
敷地周辺の環境もこの段階で制作します。建物は寸法・特性を表現するボリューム模型にします。スチレンボードで箱状にするか、発泡スチロールやスタイロフォームを切り出して制作します[図11]。

5　建築模型をつくる

スチレンボードは、壁:厚さ2mm、床:3mmを使用します。
1) 建物の1階床をつくります……1階平面図を用意します。平面図を切り抜きスチレンボードに貼り付け、床を切り出します。床が高い時は外壁の基礎部分をつくってから床を制作します。玄関テラスやポーチ・デッキも壁と同様に、コルク板・バルサ材・ペーパーボードなどを使い制作します。
2) 壁・立面の制作……立面図を用意し平面図、断面図を確認しながら

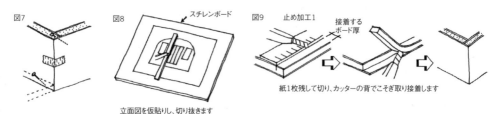

図7　
図8　立面図を仮貼りし、切り抜く　スチレンボード
図9　止め加工1　接着するボード厚　紙1枚残して切り、カッターの背でこそぎ取り接着します

図10 2年生設計課題作品

図11 2年生設計課題作品

立面を切り抜きます。壁材(スチレンボード)の表面に仮止めをし、それを頼りに壁を切り出します。同時に開口部を切り抜きます[図8]。壁と壁の接着、床と壁の接着は切り口(小口)が見えないように「止め仕上げ」にします[図9、12]。開口部の切り口(小口)は窓台や枠を取り付けます[図13]。壁のテクスチャー(仕上げの感じ・質感や色)の表現は、組み立てる前にカッターで目地を入れたり、パターンを書き込んだペーパーボードやスクリーントーン、ミューズコットンなどを張り合わせておきます[図14]。「窓の表現」は模型の印象を決める重要なポイントです。窓は、塩ビやプラ板にレトララインでサッシの表現をしたり、ゴールデンボードの枠を貼って制作します。室内側に貼る、窓にはめ込む、壁の表面に貼るなどは縮尺・意匠に応じて選びます[図15]。組み立ては水平・垂直をスコヤなどで確認しながら仮

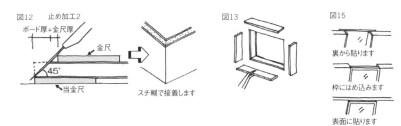

止めし接着します[図4、7]。

3）屋根の制作……立面図、断面図、屋根伏図から屋根板の寸法を算出し切り出します。「屋根の収まり」は制作精度がもっとも目に付く部分です。棟部分の収まりなどは特に施工精度が必要です。軒先や妻側の小口を花隠しや破風板をつくり処理します。壁同様、切り出す前に屋根の質感を表現する紙類などの素材を選び、あらかじめ貼り合わせておきます。曲面を持つ屋根（蒲鉾状）は、曲面壁と同様に制作します[図14]。ドームは、条件に合う出来合いの物を探し当てられると良いのですがもっとも苦労する部分です。自作の場合はスケルトン（骨組み）仕様で作成しストッキングなどで覆いネオカラーなどで彩色を施す、あるいは発泡スチロールを切り出してつくります。

6　外構の表現

配置図をもとにし、庭の樹木や芝生、生垣、池、アプローチなどを表現します。「樹木の表現」などの点景は、スケール感はもとより模型本体のイメージを整える重要な模型要素です。点景材料は模型店で縮尺に応じたさまざまな製品が市販されていますが、身の周りやホームセンターなどで材料を探し、自作をすることを勧めます。

1）樹木など植栽

低木[図16]……①海綿、スポンジ、ヘチマタワシをほぐして使う。②毛糸玉を爪楊枝につける。③芝生は、両面テープを隙間なく貼るかボンドを水で薄めて刷毛で塗った面に、カラーパウダーやコーヒーミルで荒く挽いた緑茶の粉などを振ってつける。

高木・中木[図17]……①細い針金をより合わせてテープを巻き樹形をつくる。②座敷ホウキや竹製の庭ホウキの先を利用する。③カスミ草などのドライフラワーを使う。

いずれも、素材の質感を活かして使うことが望ましいのですが、色付けをする際は原色を避けます。模型本体とのバランスを考えて控えめで落ち着いた色彩にします。また木の葉は、薄めたボンドを刷毛で塗り、パウダーなどを振りかけて表現します。

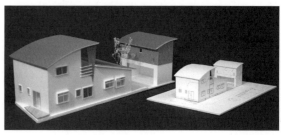

図14　長谷正文設計の住宅を使った1年生のスタジオワークの模型作品

図16

図20 縮尺を変えて制作した「軽井沢の山荘」の模型

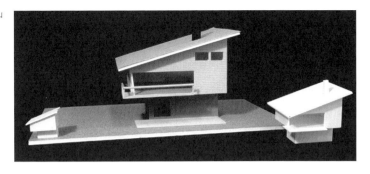

2）人、車の制作

人はグラビア写真から人型を選びコピー機でスケール合わせをし、スチレンボードに貼り付け切り抜いて制作します[図18]。車はスタイロフォームやスチレンボードから切り出します[図19]。

7 縮尺による表現の違い

模型の表現は、原則として元図面を基本にしますが、そもそもイメージを伝えるのが目的ですから、縮尺によっては省略される部位が出てきます。また、縮尺が小さいほどディテールが表現され、縮尺が大きくなるほど省略されて表現されます。それは遠くにあるものほど大まかに判別されるのと似かよっています。図20は「軽井沢の山荘」（吉村順三設計）の縮尺を1/200、1/100、1/50と変えて制作したイメージ模型です。縮尺に合わせて、窓や各部位の表現のレベルと手法を選択しています。

模型の制作は、何よりも数を手掛けつくり慣れることです。また、完成度の高い模型は、材料や道具の巧みな使い方によることが多くあります。手本となる模型をよく観察し、制作手法（テクニック）を学びとることが上達のコツです。また経験が独自の制作道具を工夫させたり、必要が材料の発見も導きます。市販のものを使う以上に独自性のある模型を制作できた時の喜びを、君もぜひ感じてください。模型をつくることが楽しみになることを期待しています。

図17 刷毛でボンド液を塗り、パウダーを振りかける

図18 ピンを貼り付けて止める

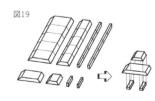

図19

12章 プレゼンテーションしよう・2

Column —— 3

落書き模型の薦め

■ **教科書の落書き**
子供の頃、学校の授業が退屈で、教科書に落書きばかりしていました。落書きがしたかったからではなく、時間を凌ぐためです。しかしながら、その落書きには傑作が多く、いま見返してみても、なかなか面白い。ところが美術の授業で描いた絵はというと、まるでパッとしないのです。それにはきっと、それぞれの絵が、他人の評価を前提としているか、否かの違いにあると、大人になってから気づきました。

■ **設計という作業**
さて落書きが建築に何の関係があるのか、についてで

ありますが、もし誰の評価も受けないことを前提に建築にアプローチできたら……。クライアントがいてはじめて成立する建築では、ありえないことかもしれません。しかしあの時、落書きを自由に描いていたように、自由に線を引けたら、気ままに模型を作れたら、とおもうようになりました。

■ **エスキースって?**
デザインしよう! などと大した心得もない小生に、クライアントの「一生に一度の買い物で……」という、無言のプレッシャーに手が動かなくなることは、日常茶飯事です。なんとか机には向かってみるものの、それ

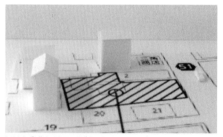
とりあえず、作れるものから手をつける

プレゼン模型。これを表に出せるのは、数知れぬ落書きのおかげなのだ

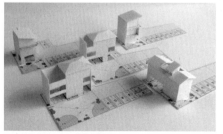
日の目を見ることのない、落書き模型

形が先にあったっていいとおもう

までの焼き直しのアイデアに、自分でもうんざりしたりします。では発想を転換してみよう、いま描いている図面は誰にも見せない。この模型は日の目を見ることはない、とおもって作業に入る、すると自由に手が動きだすのです。不思議なものです、いや意外とこちらのほうが、創造以上のデザインができたりします。おもえばエスキースって、クライアントには見せないよなぁ……。

▪ これは落書きだから

日常業務であっても模型を作る時、極力材料に線を引かないようにしています。それはカッターの刃を当てるまで、どう切るか決めかねているからです。引いた線が正しいとは限らない、気づかない別の線が表出してくるかもしれない、そんな期待を込めてでもあります。模型にだって落書き仕様があっていいとおもうのです。

▪ 大学の設計指導

あれ！「ゴメン」、先に学生諸君に謝っておきましょう。設計の授業で、「この形の意味は?」、「構造大丈夫?」「これ使えるの?」、「コンセプトは?」と問い詰めていました。要らぬプレッシャーを与え続けていたのは、こちらのほうでした。一向に作業が進まない学生に、輪をかけて次々とハードルを立てていたのです。(猛省)教科書の落書きを、先生に叱られたことはありますが、友人には受けは良く、もしかしたら何も考えず、自由に手を動かしたほうが、時にはおもしろいアイデアが出たりするものです。いや違う! 潜在していたアイデアを、封じ込めることばかりしていたのだ。核心にあるアイデアが殻に包まれているとしたら、落書きがそれを脱皮する作業になったといえるかもしれません。

▪ 本当のコンセプト

コンセプトという言葉を、前記で否定しながら使うのは気が引けますが、コンセプトをもし立ち上げるのであれば、人目に晒されていないまっさらな「言葉」を、実は研鑽をかさねたアイデアであったなら、それはきっと本当に作者にとっての、コンセプトなのではないでしょうか。

どうせ落書きだから、好きに変容させよう

こんなものになる筈ではなかった、けれど……

できた結果が最良のコンセプト!

プレゼンテーションしよう・3

ドローイングのテクニックとプレゼンテーション

> **KEYWORD**
> 見やすい
> きれいな
> まとまった
> 客観的

1 ドローイング─建築の空間を表現する

三次元の建築空間をつくっていく私たちは、空間を自由自在に想像する力、またそれをカタチにしていく力をつけなくてはなりません。建築が人とどのようにかかわっていくべきなのか、その設計のコンセプトを構築し、設計の意図や思いを人に明確に伝えたり、表現することも、私たち設計者にとって大事な役目なのです。コンセプト、イメージ、構成、人の流れ、時間の経過に伴う環境の変化など、図面では表現しきれないことをわかりやすく伝える手段の一つとして「ドローイング」があります。「ドローイング」は、設計者の考え方、センスを表現し、時には言葉に代わって説明することもできる、私たちにとって、建築の世界における大切な共通言語なのです。ここでは、その「ドローイング」の意味、技術などを、例を挙げて紹介していきます。

2 ドローイングの種類

■ 描き留める……スケッチ

エスキスの際はスケッチをたくさんしましょう。鉛筆、ペンなど使いやすいもので、身の周りの気になるものから、頭の中にある、かたちにならないカタチまで、とにかく描き留めるくせをつけましょう。

時には、思うままに鉛筆を動かすことで、自然にイメージがふくらんでくることもあります。考えが煮詰まった時こそ、線を描いてみることから始めると、きっと何かが見えてくるでしょう。後で見返してみると、そのスケッチはきっと設計者の本質的な考え方を表しているものです。

■ 伝達・発表

これからできる実在しない建築の内容を人に説明したり、伝えるのは難しいことです。しかし、自分の手や身体を使って伝達しようとすれば、その方法はたくさんあります。

図面を単純化させて解説したり、立体的な絵にしていくダイアグラムを使うなど、まずはいろいろな方法で試行錯誤しましょう。

■ 表現・色彩

色彩も設計者が持っているイメージを表現する大事な要素の一つです。

赤なのか、黄なのか、白なのか、黒なのか？　自分の考えているイメージを色に置き換えるなど、しっかりと表現しましょう。イメージ写真や雑誌の切り抜きなどをコラージュし、補足説明としてイメージをまとめることも効果的です。

- step 1　ドローイングワークショップ

建築を学び始める早い時期から、空間を立体的に考える感覚を体得すると、建築を考えることがますます楽しくなります。手を動かしながら建築空間を自由に発想し、表現をすることが自然にできるようになるためのワークショップを提案します。

A：BASIC DRAWING & COLOR…描くことに慣れるためのトレーニング

B：SPACE DRAWING…空間を「伝える」ことを身につけるためのトレーニング

この二つの視点から平行してトレーニングを進めます。

A：BASIC DRAWING & COLOR
目の前にある対象を観察して、鉛筆の色で描写することから、表現を色彩へと展開

1.鉛筆デッサン——立方体を描く

かたちのとり方、階調のつけ方、量感や空間感の出し方など、ドローイングの基本を学ぶ

2.鉛筆デッサン——曲面体を描く

直線と曲線をうまく使い、かたち・プロポーションを正確に捉える。鉛筆デッサンと色彩の関係を理解する

3.色彩——色彩対比を使った平面構成

色相の位置関係と配色の基本を理解する

4.色彩——色彩ドローイング

色彩調和を考えながら、自由な平面表現を試みる

12章　プレゼンテーションしよう・3

B：SPACE DRAWING
立体空間のかたちを捉え、それを伝達する方法を身につける

1.フリーハンドスケッチ——イメージをつくる
空間や奥行きの感覚を把握する

2.透視図——立体空間とスケール感をやしなう
一点透視、二点透視で三次元の空間を表現する

3.内部空間を想像する
フリーハンドで三次元の空間を表現する

4.図面表現
アクソノメトリックとダイアグラムの表現を考える

これらのワークショップを経て、建築空間を表現するイメージをつくることに慣れていきます。

- **step 2　ドローイングの表現技法**

ワークショップで描くことに慣れてきたら、次に自由自在に頭の中にある建築空間のイメージを表現してみましょう。実際にさまざまな手法で表現されるドローイングをいくつか紹介します。方法、使う素材などは何でもかまいません。いろいろと試してみて、自分に合った方法を見つけていくのも良いでしょう。

1. イメージスケッチを描く
2. 色彩を使う
3. 断面パースを描く
4. 図面に陰影をつける
5. 投資図を起こし、ペンで描き込む
6. 写真をコラージュする
7. 敷地写真を使う
8. 模型写真を使う

1.フリーハンドでイメージスケッチを描く

軟らかい鉛筆と画用紙などで、思うままに鉛筆を走らせてみる。自分自身の想像力や観察力に耳をすませ、気になっていること、興味があることを描き留めるような気持ちでつづっていく

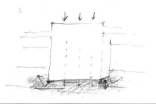

2.色彩を使う

水彩絵の具を使って重要な要素にのみ、色をつけてみる(道具=透明水彩絵の具、水彩用紙、鉛筆。その他、色鉛筆、色紙など)

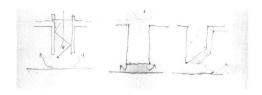

3.断面パースを描く

設計断面図面から奥行きを与えて、人や家具などスケール感を表せるように空間的に描き込んでいく

4.図面に陰影をつける

設計図面をわかりやすく立体的に表現する。等角投影法などを用いて壁を立ち上げたり、影を落としたりして高さやボリュームを表現する

5.透視図を起こし、ペンで描き込む

平面図から透視図法を用いて空間を起こし、それをもとに必要な線だけをひろってペンで描く。視点の高さに注意することでスケール感を表現できる

6.写真をコラージュする

人や家具の写真を雑誌などから切り抜き、建築空間の中の要素として切り貼りする。スケール感とパースラインを合わせることが大事!

7.敷地写真を使う

敷地の周辺写真などを使って、プロジェクト予定地の環境とのかかわりを表現する

8.模型写真を使う

模型写真を使ってダイアグラムを説明する。敷地周辺の写真と合成して説明するなど、よりリアリティのある表現になる

- **step 3　客観的な視点で美しくプレゼンテーション**

ドローイングとともに設計ができ上がったら、いよいよプレゼンテーションです。皆さんが練ってきた計画を提案・発表することを「プレゼンテーション」といいます。建築の図面表現は、デザインの意図の中心をなす発想を伝えるものでなくてはなりません。発表する時には、自分の考え方をいかにわかりやすく、スムーズに相手に伝えるかが、非常に重要なポイントです。効果的なレイアウト、表現で美しくまとめていきましょう。

point 1……視点：図解や要約、簡潔なコンセプトで明確な視点
point 2……統一性：図面や文字、一貫した体裁、見やすさ
point 3……連続性：全体がスムーズに流れるように構成

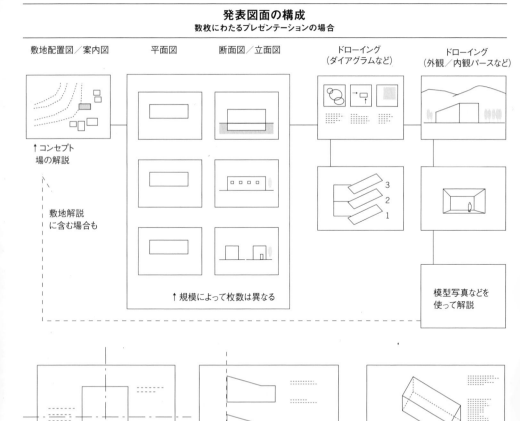

3 レイアウト─グリッドシステムを使う

規則正しく引かれた見えないグリッド(格子状の線)上に、要素を並べていくことで、全体に秩序を生み出します。これにより、情報が整理され、見やすくまとまりのあるレイアウトになります。

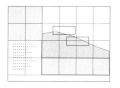
図面や解説文をすっきりとまとめられる

見えない枠取りの中に収める

立体的なグリッドにも応用

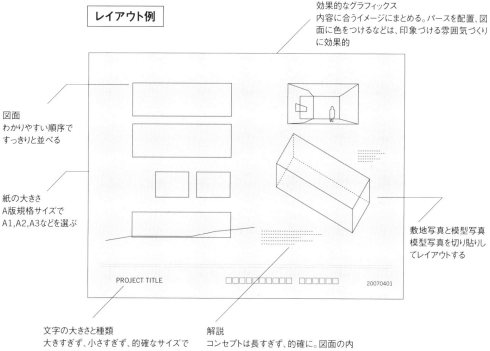

レイアウト例

- 効果的なグラフィックス
  内容に合うイメージにまとめる。パースを配置、図面に色をつけるなどは、印象づける雰囲気づくりに効果的
- 図面
  わかりやすい順序ですっきりと並べる
- 紙の大きさ
  A版規格サイズでA1,A2,A3などを選ぶ
- 敷地写真と模型写真
  模型写真を切り貼りしてレイアウトする
- 文字の大きさと種類
  大きすぎず、小さすぎず、的確なサイズで読みやすく。フォント(字体)も、コンセプト、内容にふさわしいものを選ぶ
- 解説
  コンセプトは長すぎず、的確に。図面の内容をわかりやすく、寸法線と文字を離して読みやすく

さて、いろいろなドローイングのプレゼンテーションを紹介しましたが、何よりも重要なのは、設計するあなたが、建築を通して何を伝えたいか、何を表現したいか、ということです。そして思いどおりに表現できるようになるには、とにかく手を動かしてみることです。

発表しよう

KEYWORD
プレゼンテーション
模型
図面の目的
伝達

1 発表の心得

自分の作品を人に説明することを、プレゼンテーションといいます。あなたにとって、自分で設計した作品は、長期間にわたって苦労してきた成果なので、誰もが「良いデザインですね」と、認めてくれるに違いないと思うかもしれません。自分の成果に自信を持つことは、設計者として必要なことですが、その強い思いを一時的に封印することが、デザインを発表する時にもっとも重要な心構えの一つなのです。初めてあなたの作品を見る人にとって、目の前に置かれたデザインは、すべてが新しいものです。「こんなことは知っているだろう」などとは思わないで、懇切丁寧に説明することが求められます。

また、プロとして住宅の設計を説明するのであれば、その相手は一生に一度の大きな買い物をするために、あなたの前に座っているわけです。もしかすると、自分より若いあなたに仕事を任せていいものかと、内心ヒヤヒヤしているかもしれません。だからといって、無理に強がって大人ぶる必要はありませんが、誠心誠意、自分の考えていることを説明する努力をしましょう。

2 発表の技術

発表の基本は、あなたが設計した内容を相手に伝えることです。そのために、最初にやるべきことは、あなたが考えたことや、その思考プロセスを相手に追体験させることです。住宅の設計であれば、敷地をどのように観察してどう分析したか、そしてクライアントである入居家族の理想的な住まい方を考え、それを実現するための生活空間がどうあるべきかを具体的にデザインした…というような、あなたがたどったデザイン構築の順序を簡潔に説明することで、聞く相手もあなたと同じ気持ちになれるのです[図1]。

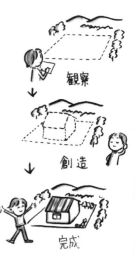

図1 設計プロセスを説明する

人に説明する時は、小学生でも理解できるようなわかりやすい言葉で説明しましょう。建築雑誌を読むと、「いったい、何を言っているんだろう」と首をひねるような文章を書く建築家がいますが、そんな人たちでさえ、一般の施主に説明する時は、懇切丁寧にやさしい言葉で説明しているも

図2　相手の目を見て話す

のです。建築雑誌に記事を書くことと、説明することは別ものと理解してください。また、発表に先立ち原稿を準備する人もいますが、原稿を棒読みすることは、もっとも避けなければならないことです。あなたはロボットではありません。聞く人の顔をよく見て、理解しているのかいないのか、気に入ってくれているのか不満なのか…聞いてくれている人たちをよく観察して、話す内容や話し方をフレキシブルに変更しながらプレゼンテーションする必要があります。あくまでも、人間と人間の関係をつくり上げることで、初めて作品を理解してもらえるのだということを、肝に銘じてください[図2]。

3　発表の道具

図3　いろいろなスケールの模型を使う

情報を伝達する道具を「メディア(媒体)」と呼びます。プレゼンテーションのメディアの基本は、実物をつくることです。しかし、建築の実物をつくることは非常に難しいので、その代わりに、実物にもっとも近いメディアとして、模型をつくります。模型には、スケールがあります。プレゼンテーションする内容や目的に合わせたスケールの模型をつくります。実物大の模型は、1/1(1分の1)スケールですが、通常、1/100か、1/50スケールで住宅の模型をつくることが多いです。しかし、これは住宅だけを見せる場合であって、敷地周辺の環境や街並みとの関係を説明するなら1/500や1/1000の街の模型に自分の設計した住宅を並べます。一方、住宅の内部詳細を見せる場合は、1/20や1/10の詳細な模型をつくる必要があるかもしれません。住宅は、生活のありかたと空間の関係が密にかかわっているので、このような詳細模型が重要視される場面があります。また、デザインの思考プロセスを説明するために、数多くつくったスタディ模型(習作)を並べることもあります[図3]。

図4　パワーポイントでは文字ばかり見せない

模型とともに必要なのがパネルです。模型のような三次元ではなく、二次元の表現メディアです。紙に印刷して壁に貼ったり、パソコンにインストールされたパワーポイントなどのソフトで、プロジェクターを使い、壁に投影して説明します。この時注意すべきことは、文字を多用しないことです。敷地分析とかコンセプト説明には、どうしても大量の文章を書きたくなってしまいますが、可能な限り文字を図式化し、ダイアグラムで表現します[図4]。このダイアグラムがしっかりデザインされているかどうか、友人に見てもらい、説明しなくてもコンセプトが理解できるかを確認してもらうのが得策です。

パネルとして準備すべき情報は、1) 敷地調査とその分析、2) コンセプト、3) 配置図、4) 平面図、5) 立面図、6) 断面図が最低限必要な材料です。これに、スケッチやCADから作成したCGやコラージュなど、作品

13章　発表しよう

の内容に合わせて工夫しなければなりません。この時注意することは、それぞれの図や絵には、役割があるということです。スケッチは、数量的なデータでは表現できないイメージを伝えるため、そして平面図は住宅の機能、立面図は意匠的な主張、断面図は構造システム…というように、何を伝えるためにこの図面を描いているかをよく認識した上で準備することが、理解しやすいプレゼンテーションの第一歩かもしれません。

これらプレゼンテーションの道具は、あなたがそこで説明しなくても、見る人が十分に作品を理解できる内容を網羅していることが求められます。あえて説明するのは、補足程度にしたいものです。

4　相手を引きつける工夫

模型にしてもパネルにしても、見る人を引きつけるテクニックがあります。それは、人物をリアルな大きさで表現することです。模型に人形を置いたり、図面に人物を描いたりすることで、空間の大きさが理解しやすくなるからです。しかし、人物を描く本当の目的は、見る人を作品の中に引き込むことです。小さな模型を見せられて、「これがあなたの家です」といわれてもピンときません。そこで、人形を模型の中に立たせて、その人形を指差しながら、「ここから見える風景は……」と説明すれば、見ている人の気持ちが人形に乗り移り、あたかも模型の中を歩き回っているような気分になれるのです[図5]。

図5　模型には人形を置くこと

18世紀のイギリスで、ハンフリー・レプトンという庭園デザイナーは、施主に2枚の絵画を見せてデザインの説明をしました。1枚は設計する前の建物と庭の風景、もう1枚はデザインした後の建物と庭の風景でした。そしてデザインした後の絵画には、施主と設計者である自分の後ろ姿を描いたのです。この2枚の絵を見比べることで、施主は、現在の自分の家の状況を絵で確認し、その絵のすぐ横にデザインした絵を並べることで、新しくつくられる空間の把握を容易にしたのです。目の前に広がる新しい生活空間を眺めているように描かれた、2人の後ろ姿を見ることで、施主は、自分が絵の中でレプトンから説明を受けている錯覚に陥ったのです。

このようにデザイナーたちは、数百年もの昔から、自分の作品をプレゼンテーションするために多くの知恵と技術を進歩させてきました。皆さんも、自分に合ったスタイルを見つけて、個性的なプレゼンテーションにチャレンジしてください。

Column —— 4
スケッチと建築遍歴（Architectural Tour）

ヨーロッパにおける建築教育の中心であったフランスのボザール（美術学校）では、18世紀以来、最優秀を修めた学生に、ローマを始めとするイタリアの諸都市へ何年間か旅する賞（いわゆるローマ賞）を与えていました。それはグランド・ツアーと呼ばれ、学生は当時の建築の手本であるギリシャ・ローマの古典建築やルネッサンスの建築を訪ねてはスケッチや実測をし、あるいは多彩色のきれいなドローイングに仕上げ、自らの腕を磨きました。以来、スケッチをしながらさまざまな建築を見て回る旅は、建築を学ぶ若い人にとっての必須のアイテムとなり、自らの履歴書に誇らしげに書き込むほどになりました。次の2人の建築家の旅は、スケッチとその作品の関係を考える上で、はなはだ示唆的です。

若きル・コルビュジエの建築遍歴は、古代の遺跡や歴史的建造物などのいわゆるモニュメントだけでなく、街並みや土着的な農家などにも及ぶ広範でユニークなものでした。19歳の時のフィレンツェ、シエナ、ラヴェンナ、ブダペストから始まり、22歳でドイツ、そして23歳で東方への旅（イタリア、ギリシャ、バルカン半島、中近東）に出かけました。特にこの東方への旅は有名で、そこで出会った地中海の街々やアテネのアクロポリスは、その後、大胆で合理的な形態を創造していったこの建築家の重要な基礎をつくったといえます。旅でのル・コルビュジエは、胸ポケットに入る程度の小さくて比較的薄いスケッチブックを常に所持し、見たものを素早く流麗な線画として描きました。

カンピドリオ広場、ローマ（1974年7月22日）

サン・ロレンツォ、トリノ（1974年7月21日、2点とも画＝筆者）

ルイス・カーンの旅は、ル・コルビュジエと対照的にもう若いとはいえない49歳の時でした。当時、彼は未だ建築的に注目される作品を残していませんでした。しかし、運良くローマのアメリカン・アカデミーに4ヵ月分の奨学金をもらって滞在する機会を得ました。彼はその最後にギリシャ・エジプトへの旅行を計画します。時あたかも、後に彼を世界的に有名にするイエール大学アートギャラリーの設計の依頼が旅先に連絡され、彼は、はやる心を抑えつつ、旅に出たのです。その旅行で描かれた印象的なパステル画のスケッチは、その対比的な色彩を使った面による構成に特徴があり、のちの彼独特の幾何学的で存在論的なマッスの構成を彷彿とさせるものでした。

ポートフォリオをつくろう

KEYWORD
ドキュメンテーション（記録）
プロセス
テキストとイメージ
情報の編集

1 「ポートフォリオ」とは

「ポートフォリオ」portfolioとは、設計課題として自分がつくり上げた設計案や卒業設計などの作品を1冊の冊子に編集した「作品集」のことを指します。「フォリオ」folio とは、「書類挟み」、あるいは、携帯用ないし保管用の紙挟みなどの文房具を指しますが[図1]、ここでは、設計作品の成果を「フォリオ」形式にまとめたものと考えてください。建築学科の学生にとっては、いわば設計作品集成です。

建築作品を扱うポートフォリオは、一般的には図面や模型の写真などのイメージと、作品説明などのテキストをきれいにレイアウトして、プレゼンテーション用に編集したものとなります。プロのデザイナーやアーティストにとっては、プレゼンテーション用のポートフォリオの1冊が、いわば自分の分身ともいえる重要なメディアとなります[図2]。以下に、ポートフォリオを編集するうえで重要なポイントを説明していきます。

図1 「フォリオ」

図2 クリアブックを使用したポートフォリオ

2 ドキュメンテーション（記録する）

本書では、ポートフォリオ作成についての説明が最後の章になっていますが、実は、このテーマは、設計課題に取り組む最初の段階から準備しておくべき事柄だといえるでしょう。というのも、プレゼンテーション用のポートフォリオを編集するためには、課題の遂行中から、スケッチやスタディ模型の写真や、案をまとめていく時に考えたメモや資料などの素材を、きちんと整理して集めておくべきだからです。いわば、ドキュメンテーションとしてのポートフォリオ、つまり資料や記録を集積したファイルを、日頃から作成しておく必要があるということです。

なぜならば、建築学科の学生がつくるプレゼンテーション用ポートフォリオの中には、最終提出物の抜粋だけでなく、課題遂行中のプロセスもある程度は収録しておく方が有効だと思われるからです。こうしたポートフォリオは、各個人が、ある時点でどのような能力を持ち、業績を残してきたかを証明する経歴データというより、どのような成長過程を遂げてきたかを確認するための具体的で客観的なメディアという性格が強いと思います。また、他人に対してはもちろん、自分自身にとって、自分のポート

フォリオをまとめることは、たどってきた軌跡を自らが確認するための良い機会となるでしょう。

3　日付をつけてファイリングする

ドキュメンテーションのためには、市販のA4サイズなどの厚いクリアブックを使って資料をファイリングするのが良いと思います。その時、いろいろな大きさの資料は、縮小あるいは拡大したコピーを作成して、シートの大きさをそろえておくと、あとで編集するときに扱いやすいでしょう[図3]。

図3　ドキュメンテーションファイル

細かい整理方法や分類の仕方は考えずに、とにかく日付順にフォルダに入れていくことを勧めます。もちろんテーマ別や内容の面から分類することが必要になる場合も生じるかもしれませんが、時系列に沿った配列はいずれの場合にも、基礎になります。

コンピュータを用いて作成されたデータは、使用プログラムが自動的にデータの作成日時を記録してくれるので問題ありませんが、設計課題を進めていく時、スケッチブックやノート、あるいはトレーシングペーパーなどに記されたスケッチやメモには、必ず日付を書き込んでおく習慣をつけると良いでしょう。

ところで、時系列に沿って資料を整理する場合、古いものから新しいものへという順序（昇順）で並べるのが常識のように考えられていますが、ポートフォリオの編集は、結果がすでに明らかになった後に行う作業なので、その作業に使う資料も、実は、時間の経過をさかのぼる降順、つまり、新しいものを前（上）に、古いものは後（下）に、という整理の仕方をしておくと、意外に使いやすいものです。ただし、これは絶対的なものではなく、ほしい資料が的確に探し出せるようになっていれば、どのようなやり方でもいいのです。また、資料の整理方法を専門的に扱った書籍もたくさん出版されているので、興味のある人はそれらを参考にしてください。

4　テキストとイメージ

ポートフォリオに表現される内容はさまざまですが、内容がどんなに多様であったとしても、すべてに共通するのは、テキスト（文章、文字）の部分と、イメージ（図、絵、画像）の部分から構成され、紙という平面上に表されるという点です。この両者の組み合わせ方に、すべてがあるといっても過言ではありません[図4]。

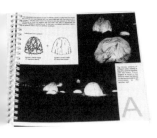

図4　テキスト主体のページ構成（上）とイメージ主体のページ構成（下）

テキストの部分とイメージの部分の比率については、ポートフォリオのようなメディアでは、一般的には、テキスト（あるいは文字を読むこと）によって伝達しなければならない部分ができるだけ少ないのが望ましいといえます。しかし、イメージ（あるいは図や絵を見ること）だけで、デザインしたものの内容を十

全に伝えることは至難のわざです。特に建築のデザインは、図や写真などの視覚的なメディアだけでは伝えきれない、複雑多岐な内容が組み込まれていますから、一切の説明なしにイメージだけでその内容を的確に伝えることは不可能でしょう。また、人間は言語という伝達の道具を駆使できるわけですから、それを全く活用しない手はありません。テキストとイメージの両者が相互に補い合いながら伝えるべき内容が十二分に表現できた状態が理想的です。

図5　明解なレイアウトの例

1枚の紙に小さい字で記された文章があふれかえっているようなポートフォリオは、役に立ちませんし、たくさんの大小のイメージだけが、ただ羅列してあるのを見せられても、それが意味する内容を正確に理解することはできません。あくまでもイメージの部分を主体にして、それに対する最小限かつ不可欠な記述を文章によって示し、両者が密接に補い合う関係になっている状態を目指すべきです。

5　レイアウトする―わかりやすく・正しく・美しく

実際にポートフォリオの各ページ、そして全体を作成していく上での細かい留意点を箇条書きにして説明していきましょう。

■ 5-1 内容の重要度は文字や図の大きさに比例する

内容の重要度に比例して文字や図の占める大きさを決める。これが基本原則です。逆に、鑑賞する側は、何が重要な情報なのかを、文字や図の大きさを通してまず判断します。例えば、タイトルの文字の大きさは、説明文より大きくして強調するといったことは、常識的なことでしょう。また、1枚のシートに10点も組み込まれた小さな写真より、シートの中央に大きく1点だけ配置された写真の方が、インパクトは強く、見る立場からも強い印象を受けるのは当然です[図5]。

図6　適切なレイアウト

ただし、大きさの絶対値には感覚的な限度があり、限界を超えた大きさは、間の抜けた印象や、粗雑で粗野な感覚を与え、逆効果になります。そして、テキストであれイメージであれ、重要で大きく扱う部分ほど、慎重に選んで質の高いものを作成する必要があります。

また、内容の重要度は、大きさによってのみ伝えられるわけではなく、配列の順序や、置かれた場所、それ以外のものとの関連など、つまり全体の中でのコンテクスト（文脈）にもよることに留意してください[図6, 7]。

■ 5-2 図にはキャプションをつける

テキストとイメージを併用する時、両者を関連づける一番明快な方法は、図に短いキャプションをつけることです。1行でよいので適切な言葉を選んで、キャプションをつけるだけで、図の伝達力は向上します。ポートフォリオは、ただ美しい写真や絵を収録して並べた写真集や画集ではあ

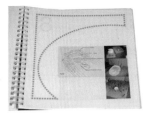

図7　不適切なレイアウト

りません。最小限の、しかし最大の効果を持つ的確なキャプションがあることによって、一つひとつのイメージが持つ内容を伝える効果は飛躍的に高くなります。

■ 5-3 建築図面の縮尺表現に注意する

図面の縮尺は、縮小・拡大といった操作や、プリンターで出力する時の設定などによって変化するので、縮尺を数値で表す場合には、十分な注意が必要となります。このような場合、あらかじめ図中にバー・スケール(物差し)を記入しておくと、図の縮小・拡大による変更に応じてスケールの大きさも追随するので便利です。

■ 5-4 基本フォーマットを決める

基本フォーマット(書式)を決めて、その枠に収めるように、もろもろの情報をレイアウトしていくと、おのずと統一感ができて、全体として見やすいものになります。また、共通したヘッダーやバナーなどを用いると、それがシャープで簡潔なものであれば、全体に統一感を与えます。

■ 5-5 意味のない装飾は不要

逆に、無意味な飾り罫や飾り文字、特殊な記号などはできるだけ使用しない方がよいでしょう。装飾的な枠(フレーム)で紙面を縁取りしたり、読みにくい装飾書体(フォント)をタイトルや本文に用いているケースを時々見かけますが、それらは、内容と関係ない装飾を施すことを「デザイン」と勘違いしているのではないかという印象を与えます。それよりも、単純で基本的な体裁だけで、十分に内容を伝えるようにする工夫の方が大切です。

■ 5-6 オリジナルとコピー (縮小と拡大)

例えば、A1を想定して描いた図(オリジナル)をそのままA3に縮小すると、絶対的な大きさが小さくなりすぎて、視認できなくなることがしばしば起こります。これは、図についても文字についても共通にあてはまります。また、オリジナルを拡大すると、一般的にはコピーの画質は低下します。

「イラストレータ®」などのイメージ、およびテキストの編集ソフトを駆使してデジタルデータを編集する場合でも、コピーを切り貼りしてアナログデータを編集する場合でも、最終的にはハードコピーされたもの、つまり紙媒体になります。図、文字の大きさは、最後にアウトプットされる紙の大きさ(例えばA3版)にした時に十分な可読性を備えたものになっていなければなりません。

■ 5-7 項目ごとに小タイトルをつける

個々のページができ上がった後、全部のページを並べて、全体の序列(順序)を検討することが必要です。ただ機械的にページを並べても、初めて見る人にとって、わかりやすいものになるとは限りません。また、作品ごとの区分けにタイトルページを挟むなど、わかりやすくする工夫も必

要です。同じ部分からできていても、順列と組み合わせの選択次第で、大きく印象が変わります。情報の順列・組み合わせ、これは「デザイン」の別名です。

■ **5-8 全体の構成を明確にする**

最後に目次をつくります[図8]。1冊のポートフォリオ全体がどういう内容で構成されているのか、個々のページを開く前にあらかじめ示すわけですが、単に作品タイトルの記述(文字)だけでなく、アイコンとして模型写真などを小さく貼り込むなどの工夫をしてみてはどうでしょうか。

図8 タイトルページ

6　電子データによるポートフォリオ

今日ではCD-ROMなどに収録した電子データによるポートフォリオを作成することが可能です。また、web siteやブログを駆使した常に更新され成長するポートフォリオもありうるでしょう[注1]。アニメーションやムービーやサウンド、ナレーションを加えてマルチメディアのプレゼンテーションとすることもできます。しかし、内容の伴わない装飾でしかないときは邪魔なだけで、時間とエネルギーの無駄にほかなりません。また、PCなどの再生装置がない場合は、すぐに見ることができませんから、紙媒体を補完するものととらえるべきでしょう。

1　以下のアドレスにアクセスしてみてください。
http://ex-archi-kgu.com/ds/
個人のポートフォリオではありませんが、デザインの授業記録として作成されたブログのサイトです。

7　引用先や出典を明記する

ポートフォリオに収録した情報のなかに、自分以外の他人の作品(テキストやイメージ)を引用する場合は、必ず作者名や作品名、出典(書籍やWeb SiteのURLなど)を明記すべきです。何も記さずに「引用」するのは「盗作」であり、恥ずかしい不正行為です。デザインを学ぶ過程で先人の優れた作品を参考することはむしろ必須のことですから、敬意と感謝を込めて、引用したことがわかるように表現することを心がけてください。

8　ポートフォリオは「デザインのデザイン」である

ポートフォリオは、設計事務所に就職を希望した際、面接時に必ず持参すべき資料の一つであったり、大学院のデザインコースに進学を希望した際には、提示物として指定されたりします。実用的な側面では、そうした場面で活用されることが多いのですが、単に面接のための資料であることを超えて、自身が費やした時間や行為を集約的に表現したメモリアル(記念碑)であり、かけがえのないトレジャー(宝物)でもあるのです。そして、自分がデザインしたものを素材にした情報のデザインワークであるという点では、「デザインのデザイン」であるといえるでしょう。

Column —— 5

「いきた情報」を得る
建物を見る・イベントに参加する・旅をする

現代は「情報社会」である、といわれます。しかし、「情報」というものの意味は、どのように理解されているでしょうか。コンピュータやケータイ、インターネットやブログ、TVや雑誌など、もろもろのツールやメディアを「情報」と混同してはいないでしょうか。

文化人類学者の梅棹忠夫氏は、1960年代始めに、近未来における「情報産業社会＝文明」の到来を予言しました。「情報」の生産や加工と流通が産業の中心となる「情報産業社会」が、狩猟・採取、農耕、工業と変化してきた人類の文明史の次の形態となるとし、「デザイン」という行為は「情報産業」において重要な役割を担うだろうと述べています。

梅棹氏の情報論の基本は、「すべての存在が情報である」という考え方です。そして、新しい価値を生むのは、「未知の情報」や「情報の創造」ではなく、すでにある情報の関連づけ、組み合わせ、配列の仕方、つまり「情報の編集」とその表現であり、それが「デザイン」であるというのです。

たしかに、「情報」はいたるところにあまねく存在しています。創造的なデザイナーは、そうした「情報」に新しい光をあて、今までにない組み合わせ方を考え、「かたち」を与えるのです。建築や環境のデザインに関わる「情報」は非常に広範なもので、空間と時間、人間と物体など世界に存在するあらゆる事象についての「情報」が対象になるでしょう。

現代では、コンピュータという情報処理機器や諸メディアなどの情報伝達手段が高度な発達を遂げているので、多くの「情報」はメディアを通じて得ることが容易になりました。しかしそれらは、すでに誰かによって加工され「デザインされた情報」です。世界にはメディアを通さずに得ることができる「いきた情報」が満ちています。建築、特にデザインを学ぼうとする人たちは、そうした「いきた情報」を直接得ることを常に心がけるようにすべき

レム・コールハース＋OMA/AMO展（ベルリン新国立ギャラリーにて）

でしょう。それはとりたてて難しいことではありません。例えば「オープンハウス」などの機会をとらえて、実際の建物をたくさん見る。展覧会、講演会、ワークショップなどのイベントに参加する。旅行をする。コンサートや芝居に出かける。ある特別な空間（場所）と時間のなかに、直接身を置くことで得られた「情報」は、もはや単なる「情報」ではなく、実感や記憶を伴った経験として、自分自身の教養を豊かにし、見識を高め、感性を磨く糧になることでしょう。

ケーススタディ
近代・現代の住宅建築

このパートでは、日本と欧米において20世紀に建てられた代表的な住宅建築を10作品選び、作品の解説と縮尺をそろえて表現した平面図、断面図、立面図を掲載しています。
20世紀の住宅建築について、その空間や構造に共通した形式を見出すことは困難ですが、それぞれ多様な特徴をもつ建物には、設計した建築家の建築理念、美学、手法が込められていることを確認できるでしょう。
デザインを学んでいくプロセスにおいて、優れた作品のエッセンスをたくさん吸収することは、とても大切なことです。

シュレーダー邸
大きな家具のような住宅

ヘリット・トーマス・リートフェルト
1888 ～ 1964

1924年
鉄筋コンクリート（柱および床）、レンガ（壁）、鉄骨（柱）造、2階建　オランダ、ユトレヒト

この住宅は、「レッド＆ブルー」チェアのデザイナーとして有名な家具職人のリートフェルトが、最初に設計した建築作品である。施主のシュレーダー夫人が3人の子どもたちと住むための住宅で、敷地は、ユトレヒトの街はずれにある伝統的な連続住宅ブロックの端部に位置する。

この住宅の生活空間の主要部分は2階にあり、天井まである可動式のスライディングパネル（引き戸）を開閉することによって、全く仕切りのないオープンなワンルームにもなれば、三つの寝室と居間兼食堂の4室に区分することもできる。1階には玄関ホールを中心にして、台所と食堂、家事室、書斎、そしてこの建物を設計したリートフェルトのスタジオなどが置かれた。この住宅には、家具スケールで考案された細部の仕組みや装置、器具、工夫などが随所にちりばめられ、家の大きさとかたちをした「家具のような建築」である。

外観を始めとする全体の構成は、当時ユトレヒトを拠点として華々しく活動していた芸術家グループ「デ・スティル」の造形原理を具現化したものである。互いに直交する矩形の面と線を三次元幾何学的に組み合わせて壁や床、屋根、柱とし、各要素は無彩色と赤・青・黄の三原色でペイントされている。隣接する連続住宅の重々しいレンガ壁とは著しく対照的であるが、実はこの住宅の垂直壁もレンガでつくられている。

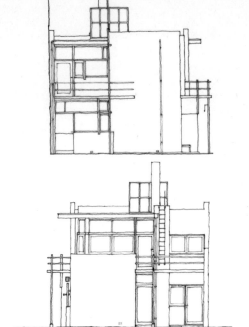

立面図

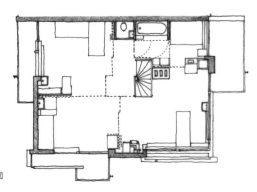

立面図

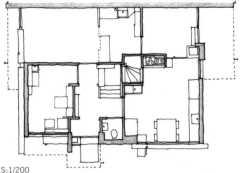

2階平面図

1階平面図　S:1/200

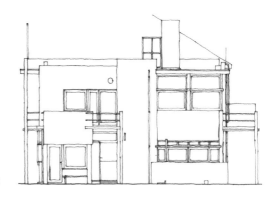

立面図

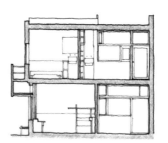

断面図

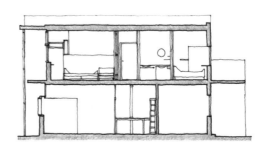

断面図

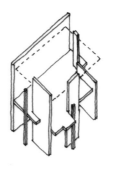

左・シュレーダー邸ダイアグラム（アクソメトリック図）
右・ベルリンチェア（アクソメトリック図）

サヴォア邸
近代の理想的ヴィラ

ル・コルビュジエ
1887〜1965

1929年
鉄筋コンクリート造、3階建　フランス、ポアッシー
（パリ郊外）

この住宅は、20世紀の代表的な建築家ル・コルビュジエが、初期に手がけた作品のなかでもっとも完成度の高い作品であり、彼が提唱した近代建築の5原則「ピロティ、自由な平面と立面、横長の水平連続窓、屋上庭園」のすべてが具現化されている。敷地周辺の文脈をほとんど考慮する必要がない理想的な立地条件のもとで、周囲に何も遮るものがない広々とした緑の芝生のなかに、抽象彫刻のような白い建物がぽつんと置かれた。1階はアプローチ階で、自動車によるアクセスを考慮してU字形平面の中央部分に、主階へ上る長い斜路がある。主階となる2階は、全体の矩形平面を大きなサロンと三つの寝室と浴室、厨房などに区画し、サロンと斜路に囲まれた屋上庭園（テラス）が設けられている。斜路は屋外にも続き、屋上にある不思議な曲面で囲まれた屋根のないソラリウム（日光浴場）にいたる。
大地から切り離された人工の地面が生活の場とされ、人々は自然のなかではなく、建築のなかを「散策」する。近代社会における理想的な居住形式を純粋に表現したこの建築は、皮肉なことに、実際に住まわれることはほとんどなかったという。

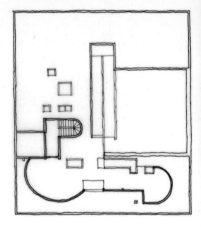

3階平面図

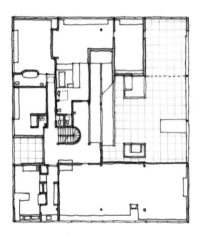

2階平面図

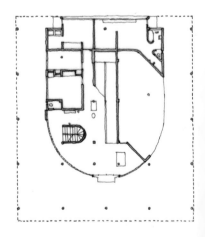

1階平面図　S:1/400

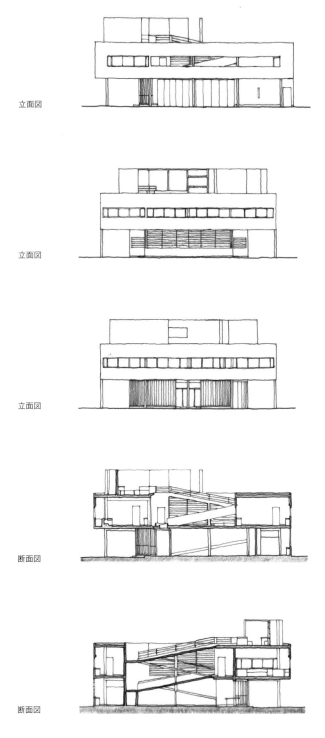

立面図

立面図

立面図

断面図

断面図

イームズ邸
西海岸のミッドセンチュリーモダニズム

チャールズ&レイ・イームズ
1907〜1978、1912〜1988

1949年
鉄骨造、2階建　アメリカ、カリフォルニア州パシフィック・パリセイド

この住宅は、第二次大戦後の住宅需要を想定して、「アーツ・アンド・アーキテクチャ」誌によって企画された「ケーススタディ・ハウス・プログラム」によって実現したもので、イームズ夫妻の住居にスタジオが付属する住宅として建てられた。「ケーススタディ・ハウス」は、新しい技術や素材の応用、個別事例の解決を通じた普遍的解への志向、そして経済的な合理性をベースにしたモダンデザインを目指し、35の計画案と24の実施事例を生み出した。この住宅は#8の計画で、建築家エーロ・サーリネンとデザイナーのチャールズ・イームズによる当初の共同案を、着工直前にイームズ夫妻が当初案の資材をそのまま使用した変更案を考え、それが実現した。敷地は太平洋を眼下に望むことができるロサンゼルス郊外の丘陵地で、周囲にはユーカリの木が多く生えているが、建物は樹木を避けて建てられている。既成の規格鉄骨材を用いたフレームを均等に立てて直方体をつくり、最小の資材で最大のボリュームを確保し、明るく開放的な空間が現出した。住居とスタジオの間には中庭があり、居間とスタジオは2層分の吹抜け空間になっている。イームズ夫妻はこの場所で数々の映像作品を生み出した。

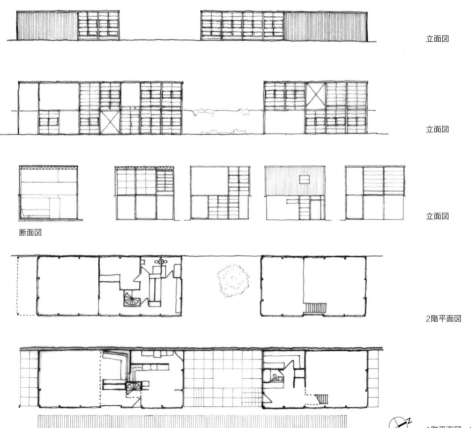

立面図

立面図

立面図

断面図

2階平面図

1階平面図　S:1/400

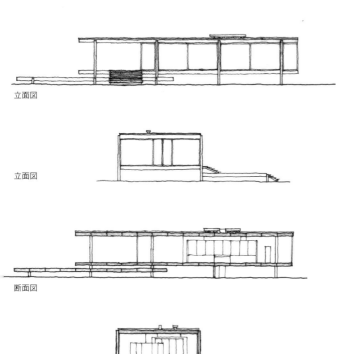

立面図

立面図

断面図

断面図

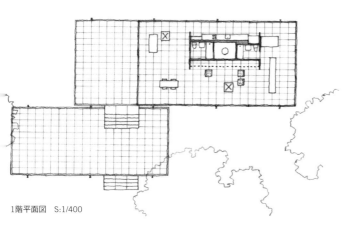

1階平面図　S:1/400

ファンズワース邸
床と屋根の間のガラスの箱

ミース・ファン・デル・ローエ
1886〜1969

1950年
鉄骨造、1階建　アメリカ、イリノイ州プラーノ

2枚の水平な面（床と屋根）に挟まれた空間の四周をガラスが囲む直方体。室内と外部は大きなガラス面で区画されているが、視覚的に内外を分けるものはほとんどない。余計なものを一切そぎ落とし、最小限の要素とそれらの精緻な組み合わせによって、この建物はでき上がっている。

豊かな緑に囲まれたフォックス川沿いにある平坦な敷地は、雪解けの時期に水没するため、建物全体が8本のH型鋼の柱によって地表から1.6mほど持ち上げられている。屋根が架かる部分の約3分の1は半屋外のポーチとなり、その手前に一段低いテラスが取りつき、地上からテラスへ、テラスからポーチへと、二つの緩やかな階段でつながれている。白く塗られた床と屋根と柱の鉄骨は、緑の絨毯の上を無限に広がっていくような印象を与える。

室内は壁で仕切らず、暖炉、バスルームやキッチンなどを収めたサービス・コアとワードローブ、そして家具が置かれているだけである。床にはイタリア産のトラバーチン（大理石）が敷き詰められ、天井から床までとどくカーテンは中国産の絹である。

ウイークエンドハウスとして建てられたこの小さな住宅は、「Less is More: より少ないほどより良い」、そして「細部に神が宿る」などを信条とした建築家の思想を、端的かつ純粋に表現している。

スカイハウス
空に浮く家の原型

菊竹清訓
1928～2011

1958年
鉄筋コンクリート造、2階建　東京都文京区
敷地面積:247.3㎡　延床面積:98.0㎡

この住宅は、「家」の本質は一対の男女からなる「夫婦の空間」であり、時間とともに変化する「家族のメタボリズム（代謝）」を表現するもの、という理念に基づいて、建築家の自邸として設計された。そして、この建築自体が、空間の形式や構造という不変の部分と、家族構成の変化や使用方法、耐久年限によって変化し交換できる部分とが明確に区別された、「代謝するシステム」となっている。

4本の壁柱によって、1辺10mの正方形の床が、地上約5mの高さに持ち上げられ、そこが生活空間の中心となる。敷地は傾斜地であるが、まさに「空の家」と呼ぶにふさわしく、都市の大地の上に浮かび、光や空気、そして眺望を満喫できる。

床はワッフルスラブ、屋根は方形のシェル構造で、四周には幅1.2mの回廊が巡り、深い庇がある。室内は仕切りのないワンルームで、回廊部分に「ムーブネット」と呼ばれる交換可能な設備系の生活装置であるキッチンとトイレ・浴室のユニットが取り付けられた。

竣工後、度重なる増築や改築がなされ、全体としては当初のかたちは大きく変化したが、中心となる2階スペースは、今なお原型をとどめている。

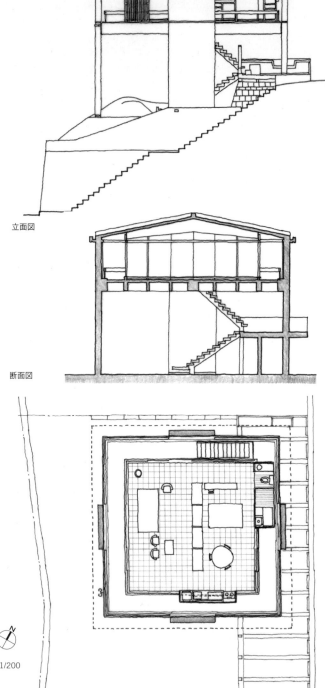

立面図

断面図

平面図　S:1/200

軽井沢の山荘(森の家)
樹林のなかの小さな家

吉村順三
1908～1997

1962年
鉄筋コンクリート造(1階)+木造(2階)　長野県軽井沢町
敷地面積:1,258㎡　延床面積:87.7㎡(1階:18.6㎡、2階:51.8㎡、小屋裏:17.3㎡)

軽井沢の自然が生み出した静謐な環境とさまざまに呼応するこの小さな家は、建築家吉村順三のデザインのエッセンスが凝縮された作品である。

豊かな木立に囲まれ、やや傾斜した敷地のなか、緩やかに上っていくアプローチの先に片流れ屋根の2階建の小さな建物が建つ。入口とユーティリティがある1階部分は壁式コンクリート構造による箱状の空間だが、主階である2階は木造である。4間＝24尺(7.2m)四方の正方形平面のなかに吹抜けのある居間、食堂、主寝室、台所、個室、洗面所、浴室がある。屋根裏階には、書斎、畳室、納戸、そして屋上の露台へ上がる階段がある。

南北方向に大きく張り出したコンクリートスラブの上に、居住スペースである木造の上屋を樹林のなかに浮かぶように載せることで、地表面近くの湿気を避け、樹木との距離は近くなる。居間の2面には大きな開口がとられ、建具をすべて壁部分のなかに収めると、室内と屋外とが一体になる。建具のデザイン、暖房設備、居間と戸外のテラスにある暖炉、室内のスタンドタイプの照明や家具など、この小さな家の隅々まで、設計者の心と眼と手が行き届いている。

立面図

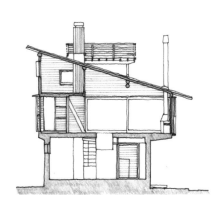

断面図

2階平面図

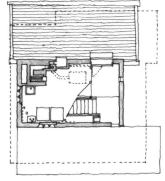

1階平面図　S:1/200

白の家
抽象化された日本的建築空間

篠原一男
1925〜2006

1966年
木造2階建　東京都杉並区
延床面積:141.3㎡(1階:107.5㎡、2階:33.8㎡)

正方形の平面に、方形の瓦葺屋根。そして、この空間の中心には、1本の丸柱が、まさに「心柱」として立ち、空間全体を象徴的に支配している。このシンボリックな丸柱は、現代的で研ぎ澄まされた建築家の感性を介して、日本の伝統的な建築空間の特性が、極限まで純粋に抽象表現されたものであるといえる。壁と同じく真っ白に塗られた水平天井によって小屋組みを隠すことによって、この柱が構造要素であることは、暗示されるだけになっている。

1階は3.7mの天井高さを持つ広間と寝室(子ども室)の二つに区分され、寝室上部の2階には夫婦の寝室がある。
篠原一男は、「芸術作品としての住宅建築」の設計を通じて、伝統を創造的に解釈することから出発し、その後、東京に代表される現代都市の混沌(カオス)的な状況を肯定的に受容した建築美の創出にいたるまでの、前人未踏の道程を歩んだ建築家であり、彼より若い世代の建築家に大きな影響を与えた。

立面図

断面図

2階平面図

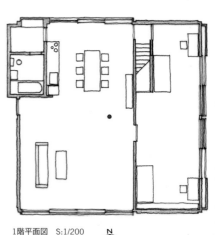
1階平面図　S:1/200

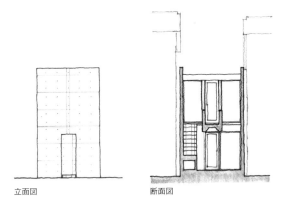

立面図　　　　　　断面図

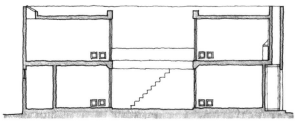

断面図

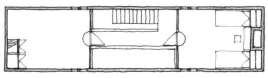

2階平面図

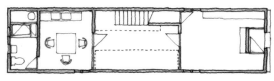

1階平面図　S:1/200

住吉の長屋(東邸)
コンクリートの箱をつなぐ中庭

安藤忠雄
1941～

1976年
鉄筋コンクリート造、2階建　大阪市住吉区
敷地面積:57.3㎡、延床面積:64.7㎡

この住宅は、戦前に建てられた木造の三軒長屋の真ん中を切り取ってできた、間口2間（3.6m）、奥行き8間（14.4m）の細長い敷地いっぱいに建つが、全体の3分の1は中庭（光庭）が占めている。建築家は、あえて大きなヴォリュームをこの中庭にあて、過密な都市のなかでの狭小な居住空間の中心に、光、風、雨などの自然と触れ合うことのできるスペースを設けた。

この中庭を挟んで、道路側と奥側に同じ大きさの2階建の箱が向かい合って置かれる。1階は居間と食堂・台所・洗面・トイレ・浴室、2階は二つの寝室である。中庭にはブリッジ（テラス）と外階段があり、1階と2階、そして2階の2室をつなぐ通路となる。つまり、部屋から部屋への移動は、すべて外部である中庭を介して行われる。

この住宅は、外部に対してはきわめて閉鎖的な表情を見せており、一見すると周辺環境から断絶している印象が強い。しかし、スケールの感覚や質素な素材、さらに伝統的な町屋形式の住居の内部につくられた坪庭や通り庭の要素を現代的な空間構成に置き換えるなど、この場所固有の都市環境の文脈を無視しているわけではないことがわかる。

| 153

シルバーハット
現代都市に住むための装置

伊東豊雄
1941〜

1984年
鉄筋コンクリート造+鉄骨造、2階建　東京都中野区
敷地面積:403.5㎡　延床面積:138.90㎡(1階:120.05㎡、2階:18.85㎡)

この住宅は、同じ建築家が設計した「中野本町の家:ホワイトU」(1976)に隣接する敷地に建てられたが、その住宅の真っ白い洞窟のような閉鎖的空間とは対照的に、仮設建築にも似た、軽快で開放的で透明な空間がつくられている。

空が透けて見える大きなヴォールトが架かる四角い中庭をL字型に囲むようにして、居間、食堂、台所、浴室、寝室などの居室が配置される。3.6m間隔で立つコンクリート製の角柱の上に大小七つの鉄骨製ヴォールト屋根が軽快に載り、小さな家が集合した「集落のイメージ」が表現される。このヴォールト屋根は、あらかじめ工場でつくられた菱形のユニットを現場でボルト止めして組み立てられ、ところどころに三角形の天窓(スカイライト)が開けられている。

半屋外の大きな中庭の上部には可動式の天幕が取り付けられ、この住宅の中心となる場所が、「都市住宅におけるオープンスペース」として、さまざまに使用される工夫がなされている。また、空間を仕切る素材には、アルミ・パンチングメタル、鉄骨格子のスクリーン、ガラスなどの透過性のあるものが選ばれ、「明るく透明なスペース」を現出させている。

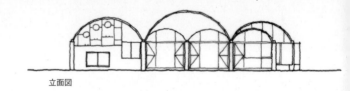
立面図

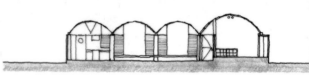
断面図

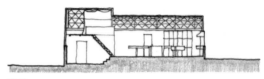
断面図

2階平面図

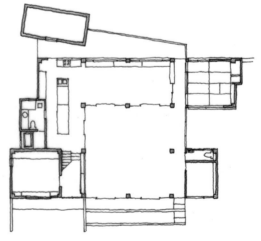
1階平面図　S:1/300

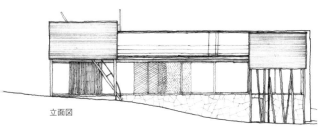
立面図

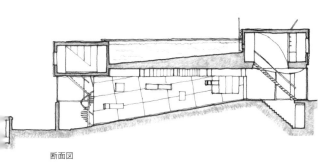
断面図

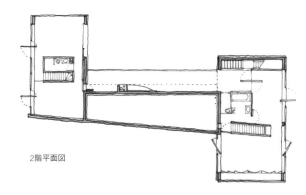
2階平面図

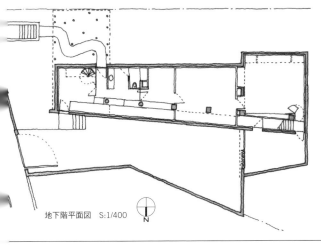
地下階平面図　S:1/400

ダラヴァ邸
屋上プールのあるガラスの家

レム・コールハース
1944～

1991年
鉄筋コンクリート造、地上2階、地下1階　フランス、サン・クルー（パリ郊外）

敷地はパリ郊外の高台にある住宅地で、周辺には19世紀の庭付き邸宅が建ち並び、セーヌ川、ブローニュの森、そして遠くにエッフェル塔とパリの市街を望むことができる。道路側から奥に向かって緩やかに高くなる傾斜した細長い敷地に沿って、三つのブロックが並ぶ。道路側には娘のためのブロック、奥には両親のためのブロックが空中に浮かぶように配置され、二つのブロックは、地下階と地上階、そして屋上のプールの3層からなる、細長いブロックでつながれる。地下階にはエントランス、ユーティリティ、スタジオそしてガレージが、地上階にはダイニング、キッチン、リビング、そしてエントランスからリビングにいたる長い斜路（ランプ）がある。ガラスの箱の上に重いプールが載っている印象を与えるが、屋上のプールは、地下階から立ち上がる5本の柱をつなぐ大きな梁として荷重を支える構造体の役目を果たす。
地上階の周囲はすべてガラスで囲まれ、室内と庭園とが一体になる。しかし、大きなガラス面を持つために隣家からプライバシー侵害で訴えられ、長い裁判の結果、半透明のガラス面は「窓」ではなく「壁」であると認められて、ようやく着工、設計から10年近くを要して完成した。隣家側のガラス面にはくもりガラスを用い、さらに、さまざまな素材のスクリーンやカーテンによって視線を遮りながら、「大きな部屋」のような庭園への開放感を確保している。

出典リスト

2章、11章、13章
イラスト：早末恵理

3章
表1・表2・図1：加藤晃『都市計画概論』第5版、共立出版社、2004年

4章
図3：『Le Corbusier Complete Works』（BIRKHAUSER 1974）

6章
写真3・4：撮影;北嶋俊治

9章
写真1・4・5：撮影;北嶋俊治

執筆リスト

建築学教育研究会　執筆者・担当一覧

仙田 満
せんだ・みつる
東京工業大学名誉教授
環境デザイン・建築設計
第1部「環境建築家をめざして」

アラン・バーデン
Alan R. Burden
Structured environment 代表
建築構造
8章

稲吉 亮
いなよし・まこと
住環境プランナー
建築設計
12章-2

粕谷淳司
かすや・あつし
関東学院大学建築・環境学部専任講師
建築設計
10章

黒田泰介
くろだ・たいすけ
関東学院大学建築・環境学部教授
建築計画
p.6～7、1章、4章、6章、コラム1・2、まえがき

古賀紀江
こが・としえ
関東学院大学建築・環境学部教授
建築計画
5章

関 和明
せき・かずあき
関東学院大学建築・環境学部教授
建築史
12章、コラム4、ケーススタディ

竹内孝雄
たけうち・たかお
関東学院大学建築・環境学部講師
建築設計
12章-1

中津秀之
なかつ・ひであき
関東学院大学建築・環境学部准教授
ランドスケープデザイン
2章、11章、13章

馬場俊一
ばば・しゅんいち
関東学院大学建築・環境学部講師
建築設計
コラム5

星野芳久
ほしの・よしひさ
関東学院大学建築・環境学部名誉教授
都市計画
3章

増田 奏
ますだ・すすむ
関東学院大学人間環境学部客員教授
建築設計
7章

八島夕子
やしま・ゆうこ
八島建築設計事務所
建築設計
12章-3

湯澤正信
ゆざわ・まさのぶ
関東学院大学建築・環境学部名誉教授
建築理論および設計
6章、9章、コラム3

新版
はじめての建築学──建築デザイン基礎編
住宅をデザインする

2015年1月30日　第1刷発行
2017年7月10日　第2刷発行

編者
建築学教育研究会

発行者
坪内文生

発行所
鹿島出版会
〒104-0028 東京都中央区八重洲2丁目5番14号
電話 03-6202-5200　振替 00160-2-180883

印刷・製本
壮光舎印刷

デザイン
高木達樹（しまうまデザイン）

©Reseach Committee on Architectural Education,
2015 Printed in Japan
ISBN978-4-306-04614-6　C3052

落丁・乱丁本はお取替えいたします。
本書の無断複製（コピー）は著作権法上での例外を除き
禁じられております。
また、代行業者などに依頼してスキャンやデジタル化することは、
たとえ個人や家庭内の利用を目的とする場合でも
著作権法違反です。

本書の内容に関するご意見・ご感想は下記までお寄せください。
URL:http://www.kajima-publishing.co.jp
e-mail:info@kajima-publishing.co.jp

建築を学ぶ入門書、建築を知るおすすめガイドブック

改訂新版
建築を知る
はじめての建築学

建築学教育研究会 編　A5判・208頁　定価(本体1,900円+税)
現代における建築の世界の輪郭を示し、その世界を構成する各学問分野の内容や相互の位置関係を紹介

はじめての建築学――構造力学基礎編
建築にはたらく力のしくみ

建築学教育研究会 編　A5判・168頁　定価(本体2,000円+税)
建築にはどのような力がはたらいているのか、そのしくみをわかりやすく解説した入門書

はじめての建築学――建築・環境共生デザイン基礎編
環境・設備から考える建築デザイン

建築学教育研究会 編　A5判・168頁　定価(本体2,000円+税)
建築にはどのような環境・設備が必要とされるのか、そのしくみをわかりやすく解説した入門書

初学者のための
都市工学入門

高見沢実 著　四六判・212頁　定価(本体2,300円+税)
都市の作られ方、都市の読み方、都市に住まう術を知り、これからの都市の方向を探る

初学者のための
新・建築構造入門

西谷章 著　四六判・160頁　定価(本体2,100円+税)
建築の構造とは、建築の力と変形、地震の時にどう揺れるか、など数式を使わない平易な読本

インテリア・デザインを知る
初めて学ぶインテリア

大廣保行 監修 他著　A5判・152頁　定価(本体1,800円+税)
インテリアデザインの基礎知識から、インテリアコーディネーター・プランナーの初級実務にも役立つ入門書

〈インテリアの基礎知識〉シリーズ
インテリアデザインの基礎知識

内堀繁生、中村嘉樹 著　A5判・180頁　定価(本体2,500円+税)
インテリアデザイニングの展開、技術的な構法とインテリアディテールなどに関しての基礎知識を解説